Основные принципы покупки

недвижимости в

Португалии

Основные принципы покупки недвижимости в

Португалии

ДЖУНИТА МАРИ МОЛЛЕР-НИЛЬСЕН

Junita Maree's

Оптовые продажи. Существует система специальных скидок на оптовые закупки корпорациями, ассоциациями, и др. Для получения дополнительной информации, обратитесь к издателю/автору на адрес электронной почты, указанный выше.

Напечатано в Австралии.

ISBN-13:   Мягкий переплет   978-0-9942398-5-3

Переиздание. Дата: 05/03/2015

Junita Maree's

Веб-сайт: *www.thebasicsofportugal.com*
Страница на Facebook: *https://www.facebook.com/TheBasicsofPortugal*

Cover and interior layout / design by: Ched Celiz
Email: chochangched@gmail.com

Book translated from English to Russian by: _____
Email:

СОДЕРЖАНИЕ

Копии договоров

Об авторе

Джунита Мари Моллер-Нильсен австралийка, впервые отправившаяся в Португалию в 2009 году. Она бесповоротно влюбилась в Португалию настолько, что вернулась туда и купила свою первую недвижимость в Фигейра-да-Фош в 2012 году. "ОСНОВНЫЕ ПРИНЦИПЫ ПОКУПКИ НЕДВИЖИМОСТИ В ПОРТУГАЛИИ" ее первая книга.

Благодарности

Эта книга является результатом процессов, испытаний и невзгод, которые я преодолела в ходе приобретения недвижимости в Португалии.

Мне жаль, что в то время не было такой книги, которая бы осветила основы данного вопроса. Было бы гораздо проще избежать многочисленных ошибок и разочарований, которые испытывают многие португальцы и иностранцы, покупая недвижимость в Португалии.

Я благодарна моему сыну, Делету, который пережил этот процесс вместе со мной с самого начала, когда я впервые объявила предложение о покупке владельцу дома, и до конца, когда мое последнее предложение было принято, и нашему ликованию не было конца.

Всем моим друзьям и подругам всех сословий, которые были рядом со мной с момента первого прибытия в Португалию на отдых и до сих пор; ваша дружба и гостеприимство неоценимы и никогда не будут забыты.

Всем моим друзьям и семье в Австралии и по всему миру, спасибо за вашу повсеместную поддержку в моих свершениях.

Введение

Впервые я приехала в Португалию в 2009 году посетить своих друзей; в тот первый приезд я влюбилась без оглядки в пейзажи страны, образ жизни, людей и культуру Португалии.

Территория Португалии изобилует множеством различных ландшафтов; начиная от цветочных долины, оливковых рощ, кустарников и сельскохозяйственных угодий, и заканчивая великолепными пляжами вдоль побережья Атлантического океана и Средиземного моря.

Португальский образ жизни очень прост и в большинстве районов является довольно самодостаточным; португальцы сами выращивают овощи, производят оливковое масло из плодов оливковых деревьев, перерабатывают виноград, собранный у себя на грядке, в вино, и разводят собственный мясной скот.

Человек может жить простой несложный самодостаточной жизнью в Португалии довольно недорого, по сравнению с Австралией и другими странами по всему миру.

Я объехала всю Португалию от Миранделы - живописного городка у красивой реки на крайнем севере страны (где проживают мои друзья: Франклин, Хелена и Алешандри), и до Албуфейра далеко на юге.

Начала же я свое путешествие с г. Порту, что стоит на прелестной реке Дору, а также где проживают мои близкие друзья (Amigas на португальском) Деолинда и Мария Хуан. И там я впервые попробовала "Superbok" (один из видов местного пива, еще один - "Sagres") и отведала "Francescina" (что-то наподобие бутерброда с не прожаренным стейком, покрытым неимоверно вкусным соусом, напоминающим богатую подливу) и где состоялась моя первая португальская прогулка на лодочке.

Затем я отправилась в округ Коимбра, чтобы посетить города Коимбра, Меальяда (славится отменными жареными поросятами по всей Португалии в Ресторане Педро - в любом случае это мое мнение) и Вакариса.

И далее мой путь лежал в Фигейра-да-Фош, к которому я испытываю самые искренние и нежные чувства, глядя на широкие песчаные пляжи, восхитительные закаты, людей и сам город.

Затем на очереди были Лиссабон, где я жила в пригороде, Анжос и Мартим Мониш. Я путешествовала по всему Лиссабону, исследуя все уголки и закоулки этого прекрасного города, его культуру, блюда и образ жизни в столице Португалии.

В течение последних нескольких поездок в Португалию, я исследовала юг страны, округ Фару в Алгарве, в частности, Албуфейра и окружающие местности.

Путешествуя обширными территориями Португалии, небольшими деревушками, городами, областными центрами, покоряя горы и наслаждаясь видами прибрежных городов, я встретила лишь одно место, которое напомнило мне о Квинсленде в Австралии. Это был Фигейра-да-Фош. Образ жизни здесь сродни тому, что можно наблюдать в Квинсленде, это являлось основной причиной страсти, вспыхнувшей во мне в отношении города Фигейра-да-Фош.

Он так чист, ухожен, атмосфера городка умиротворяет, хотя лично меня скорее бодрит, причиной тому являются разнообразные мероприятия, в которых можно там поучаствовать. Так, после изучения многих округов Португалии, я, наконец, решила, где чувствовала себя как дома, а затем приступила к исполнению плана по покупке своей первой собственности там. Процесс приобретения начался в октябре 2011 года и официально закончился в январе 2012 года, когда недвижимость была переписана на мое имя; наконец-то я стала владельцем португальской собственности.

В Португалии, заинтересованы ли вы в покупке собственности для личного пользования, рекреационного, под съем для бизнеса, есть широкий выбор весьма привлекательной недвижимости, доступной для покупки.

Все зависит от ваших причин покупки недвижимости в Португалии. Лично я купила трехэтажное здание, которое в настоящее время ремонтируется и перестраивается под гостевой дом/общежитие, с парой магазинов на первом этаже и баром.

В общей сложности я потратила на эту покупку около 160000,00 евро. После того как все ремонтные работы будут завершены, ее стоимость должна составлять не менее 600000,00 евро. Не плохо для инвестиций в 160000,00 евро.

Я общалась с множеством людей, как португальцев, так и иностранцев, о покупке недвижимости в Португалии, до того, как приобрела свою собственную. И узнала, что для некоторых это было ужасно сложным процессом, так что я решила написать книгу обо всех процедурах, сопутствующих покупке недвижимости в Португалии, чтобы помочь каждому, как проживающему в Португалии, так и за границей.

В этой книге я постараюсь все изложить очень просто и предметно, сопоставив всю информацию, которую исследовала и собрала сама, и все процедуры, которые прошла для приобретения собственности.

Эта книга, надеюсь, станет руководством, которое прольет вам свет на самые основные моменты, самый короткий метод покупки недвижимости в Португалии, и проведет вас без хлопот и преград широким коридором до финального этапа вашей сделки.

Покупка недвижимости является одним из самых важных решений, которое человек в своей жизни может принять, будь то первая, вторая или даже десятая его собственность.

Покупая недвижимость в Португалии, вы сами решаете, что вы хотите с ней делать; сохранить для личного пользования, сдавать ее в аренду, использовать в качестве резиденции для отдыха за рубежом или, как я, отремонтировать и превратить его в гостевой дом или общежитие. Ваш выбор безграничен.

Я надеюсь, что данная книга облегчит для вас процесс покупки недвижимости в Португалии. Помните, что она не предназначена стать инвестиционной или финансовой рекомендацией, но лишь только руководством, которое я надеюсь, поможет вам в ваших начинаниях.

ПОРТУГАЛИЯ

Португалия является одной из древнейших стран Европы, установившей континентальные границы, какими они являются сегодня, еще в 1297 году. Португалия была независимым королевством с 1143 года, когда Афонсу Энрикиш восстал против своей матери, чтобы отвоевать Графство Португальское у королевства Леон.

Португалия находится на западной окраине Пиренейского полуострова, лежит точно между Испанией и Атлантическим океаном. Географическое расположение вдоль Атлантического побережья является причиной, почему Португалия быстро стала страной, чье существование тесно связано с океаном, веками укореняясь в морских приключениях и открытиях.

1415-й год был годом, что задал тон для многих предстоящих столетий. Под руководством принца Генриха "Навигатора", Португалия подняла паруса по ветру эпических путешествий, что послужило становлением нации первооткрывателем водных маршрутов в Индию, Бразилию, Китай и Японию, в то же самое время, находя поселения на обоих африканских берегах.

Следы этой всемирной исторической данности можно считать товарными знаками португальской культуры. Португальский язык стал одним из наиболее широко распространенных в мире, а португальскому народу посчастливилось получить признание столь многих различных цивилизаций. Не только множество объектов монументального, художественного и археологического наследия свидетельствуют о более чем 850 годах исторических столкновений с отдаленными культурами, но также это подтверждается и присутствием на территории страны более древних народов (кельты, свевы, вестготы, римляне и арабы).

Естественные преимущества Португалии, как солнечной страны со столь разнообразными географическими особенностями, превратили ее в лидера при выборе места для отдыха. Она идеально подходит для занятий водными видами спорта и игры в гольф, с современными удобствами туризма, затейливым и персонализированным жильем, таким как Соларес де Португал (приватизированные дома, вид которых варьируется от чудесных фермерских дач и до шикарных особняков), а так же роскошные и очаровательные отели,

Всю приведенную информацию и не только вы сможете найти на веб-сайте:

http://www.livinginportugal.com/en/where-to-buy/#sthash. oHBpEfL3.dpuf

ШАГ 1

ОРГАНИЗАЦИЯ ФИНАНСОВ ДЛЯ ПОКУПКИ НЕДВИЖИМОСТИ

Существуют различные варианты приобретения недвижимости

Я выбрала для своей цели Португалию не только потому, что влюбилась в эту страну, но и потому, что видела ее неиспользованный потенциал.

За последние двадцать лет или около того, я прочла сотни книг на тему: Как приумножить богатство посредством инвестирования в недвижимость. Я уверена, многие из вас читали книги подобные тем, что писали Наполеон Хилл, Роберт Т. Кийосаки, Дональд Трамп, Зиг Зиглар, Уоррен Баффет и многие другие.

Полагаю, любой человек может применить новые знания, полученные за счет исследований инвестиций предыдущих лет в своей собственной или других странах; и я уверена, все они согласятся, что Португалия является неиспользованным рынком инвестиций, и находится в состоянии ожидания иностранных инвесторов.

Ниже перечислены некоторые варианты, которые могут быть доступны для Вас:

1. Инвестировать свои собственные деньги.
2. Подать заявку на ипотеку в португальский банк.
3. Подать заявку на ипотеку в вашей стране проживания.
4. Заключить договор с продавцом на условиях, согласно которым общая стоимость будет делиться на определенное количество платежей, и выплачиваться в течение установленного периода времени.
5. Обменять личную недвижимость или другую собственность, принадлежащую вам по праву и напрямую (например, автомобиль, дача, акции, яхта и прочее), на имущество, которое хотите заполучить.
6. Заключить договор об аренде имущества за определенную стоимость и на определенное количество времени. Остальные же финансы могут служить начальным взносом или стать источником банковского депозита до тех пор, пока вы не накопите

средства для погашения банковского кредита, или не найдете иной способ приумножить свои финансовые ресурсы и приобрести собственность самым удобным для вас способом.

7. Домовладелец может организовать для вас рассрочку, чтобы вы выплачивали сумму частями в течение определенного периода времени, но имейте в виду, что если вы опоздали или задержали платеж, имущество будет возвращено его владельцу, который также сохраняет у себя суммы, перечисленные вами ранее.

Самый дешевый участок, который я нашла в Португалии, выставленный на продажу, имел площадь 50 квадратных метров, весь усаженный эвкалиптовыми деревьями (родными для Австралии), за него просили всего 100,00 евро.

Самый дешевый дом, который был доступен для покупки, имел в себе 25 квадратных метров застройки и еще 1000 квадратных метров необработанной земли сразу подле дома, стоимостью 2000,00 евро.

Я совсем недавно опоздала среагировать на объявление веб-сайта *www.olx.pt* о продаже трехэтажного коттеджа на шесть спален всего за 5000,00 евро. Такая дешевая недвижимость подобного типа может с лихвой вернуть чье-то вложение.

ШАГ 2

ИССЛЕДОВАНИЕ ЛАНДШАФТА СТРАНЫ

Вам необходимо знать следующее:

- *Где вы хотите жить*
- *Как вы собираетесь распорядиться купленной вами недвижимостью*
- *Какой тип недвижимости вам нужен*
- *Пляжный участок*
- *Фермерское угодье*
- *Горный пейзаж*
- *Деревенский образ жизни*
- *Густые заросли кустарника*
- *Городской стиль*
- *Реки, ручьи, океан*
- *Дачно-отпускная собственность*

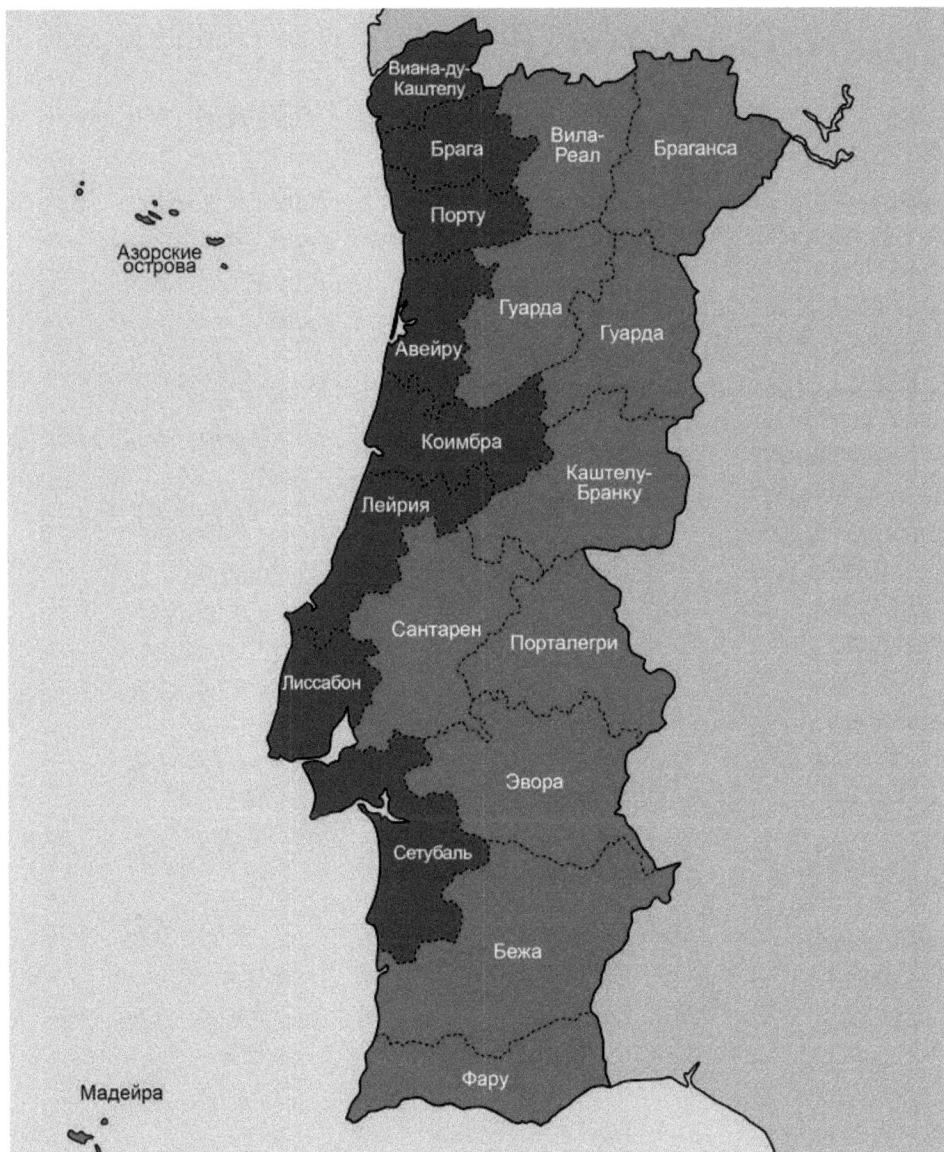

Карта всех областей Португалии

ЦЕНТРЫ ОКРУГОВ, ГОРОДА, ДЕРЕВНИ И ОСТРОВА ПОРТУГАЛИИ

Район Лиссабона и Вале-до-Теджо (Долина Тагус)
Алкобаса
Аррабида
Азейто
Баталья
Кашкайш
Эрисейра
Эшторил
Фатима
Лейрия
Мафра
Назаре
Обидуш
Палмела
Пениши
Келуш
Сантарен
Сезимбра
Сетубаль
Синтра
Томар

Алентежу
Бежа
Каштелу-ди-Види
Элваш

Эштремош
Эвора
Марван
Мертола
Монсараш
Вила-Висоза

Алгарве
Албуфейра
Фару
Лагос
Сагреш
Силвиш
Тавира
Вила-Реал-де-Санто Антонио
Виламора

Бейран (Центральная Португалия)
Авейру
Бельмонте
Буссако
Коимбра
Конимбрига
Фигейра-да-Фош
Гуарда
Монсанту
Пьода
Серра-да-Эштрела
Визеу

Порту и Дору
Амаранти
Ламегу
Порту

Минхо
Барселуш
Брага
Национальный парк Пенеда-Жереш
Гимарайнш
Понти-ди-Лима
Понти-да-Барка
Виана-ду-Каштелу

Траз-уж-Монтиш и Алту-Дору
Браганса
Шавиш
Вила Реал

Острова
Азорские острова
Марейра

АДМИНИСТРАТИВНОЕ ДЕЛЕНИЕ ВСЕХ 18 ОБЛАСТЕЙ ПОРТУГАЛИИ В ТОМ ЧИСЛЕ КОЛИЧЕСТВО МУНИЦИПАЛЬНЫХ ОБРАЗОВАНИЙ, ОКРУГОВ, ПРОВИНЦИЙ И РЕГИОНОВ

Область	Муниципалитеты (региональные центры)	Округи	Провинция с 1936	Регион
Авейру	19	208	Бейра-Литорал + Дору-Литорал	Норте, Центральный регион
Бежа	14	100	Байши-Алентежу	Алентежу
Брага	14	515	Минхо	Норте
Браганса	12	299	Траз-уж-Монтиш и Алту-Дору	Норте
Каштелу-Бранку	11	160	Провинция Бейра-Байша	Центральный регион
Коимбра	17	209	Бейра-Байша, Бейра-Литорал	Центральный регион
Эвора	14	91	Алту-Алентежу	Алентежу
Фару	16	84	Провинция Алгарве	Алгарве
Гуарда	14	336	Провинция Бейра-Алта (частично Траз-уш-Монтиш и Алту-Дору)	Центральный регион (частично Норте, только Вила-Нова-ди-Фош-Коа)
Лейрия	16	148	Бейра-Литорал, Эштремадура	Центральный регион
Лиссабон	16	226	Эштремадура (частично Рибатежу)	Лиссабон (частично Алентежу)
Порталегри	15	86	Алту-Алентежу область (частично Рибатежу)	Алентежу
Порту	18	383	Провинция Дору-Литорал	Норте
Сантарен	21	193	Рибатежу (частично Бейра-Байша и Бейра-Литорал)	Центральный регион, Алентежу
Сетубаль	13	82	Эштремадура, Байши-Алентежу	Лиссабон, Алентежу
Виана-ду-Каштелу	10	290	Минхо	Норте
Вила-Реал	14	268	Провинция Траз-уж-Монтиш и Алту-Дору	Норте
Визеу	24	372	Бейра-Альта (частично Дору-Литорал)	Центральный регион, Норте

Вы можете сами далее исследовать каждый отдельный регион, чтобы понять, где вам было бы наиболее предпочтительно приобрести недвижимость, так как они все разные, и у каждого свой индивидуальный ландшафт, весьма отличный от других территорий.

На сайте "Living in Portugal - Жизнь в Португалии":

http://www.livinginportugal.com/en/where-to-buy/#sthash.oHBpEfL3.dpuf,

вы найдете описание каждого из регионов, перечисленных ниже:

Порту и Север Португалии

Порту и северные области – регион, где история, культура и природа прекрасно сочетаются, что делает его уникальным местом. Религиозное наследие, современная архитектура, природный компонент, гостеприимство, гастрономия и неоценимые вина Порту – составляют основу достопримечательностей и привлекательности данного региона.

Центр Португалии

Центр Португалии – регион контрастов, где посетители могут открыть живописные города вдоль побережья или отправиться на экскурсию по историческим деревням, таким, как Шисту, или к приграничным замкам, где португальские обычаи, традиции и прекрасная кухня до сих пор сохранились.

Регион Лиссабона

Лиссабон – космополитический город; это одна из самых модных европейских столиц, также как и одноименный регион, который может много чего вам предложить: величественные памятники, природные парки и широкий выбор кортов для гольфа. Вблизи от побережья Эшторил расположены романтические города – Синтра, Обидуш и Томар, города туристических и культурных достопримечательностей, такие как Святилище Фатима – один из самых значимых храмов в Девы Марии в мире.

Алентежу

Равнины, одетые покрывалом диких цветов, озера, блестящие мирной гладью, гостеприимные города и деревушки, и горизонты, насколько хватает глаз. Здесь посетители могут открыть для себя мегалитические наследия предков, следы римской, мавританской и иудейской культуры, крупнейший искусственное озеро в Европе, лучшее место в мире для созерцания неба (согласно данным ЮНЭСКО) и один из наилучше сохранившихся участков береговой линии, с километрами белых песчаных пляжей.

Алгарве

В Алгарве одно из самых известных в Португалии мест, обустроенных для отдыха и туризма согласно международным стандартам, там море солнечного света, пляжей без счета, где можно заниматься всеми видами водного спорта, множество SPA-салонов и кабинетов талассотерапии, изобилие развлечений и превосходные корты для гольфа, одни из самых лучших во всем мире. Природные заповедники, культурное наследие, явившееся следствием истории морской страны и ее открытий, и местная кухня, что так же в значительной степени ориентирована на рыбу и морепродукты, - все это лишь некоторые аспекты разнообразия, которые этот регион может предложить.

Мадейра

Атлантические острова Мадейра и Порту-Санту, с их субтропическим климатом, хорошо известны своей природной красотой, которая поощряет посетителей развлекаться под открытым небом и искать смысл жизни и счастье в ней. Познайте наследие и культуру морской страны и португальских открытий, а вино Мадейры и разнообразные празднества – одни из величайших увлекательностей.

Азорские острова

Девять островов, составляющих данный регион, являются идеальным местом для отдыха, восстановления сил, местом, где любой желающий может войти в контакт с природой. Расположенные прямо в центре Атлантического океана, острова так же служат прекрасным пунктом для дайвинга, рок-пулов, туризма и ловли птиц, а также для наслаждения чрезвычайно ценным культурным наследием.

ШАГ 3

ВЫБОР АГЕНТСТВА НЕДВИЖИМОСТИ

Знание основных местных агентств недвижимости и адреса их веб-сайтов поможет сэкономить тысячи долларов при покупке вашей собственности.

После того как вы ознакомились с картой Португалии, будь то путем путешествий, или с помощью сети Интернет, вы можете перейти к следующему этапу, - изучению различных агентств недвижимости поиск собственности, которую вам захочется приобрести.

Агентства недвижимости, к услугам которых я лично прибегала, следующие:

- *www.era.pt*
- *www.remax.pt*
- *www.imovirtual.pt*
- *www.casasapo.pt*
- *www.solimobiliaria.pt*

На веб-сайтах *www.casosapo.pt*, *www.solimobiliaria.pt* и *www. imovirtual.pt*, вы сможете найти объявления о продаже наименьших участков по всей Португалии.

Пятерка перечисленных выше сайтов, являются основными агентствами недвижимости в Португалии; именно на сайте "Era" я смогла отыскать свой красивый дом в Фигейра-да-Фош.

Если вы иностранец, пожалуйста, запаситесь терпением, ведь составление развернутого ответного письма может занять некоторое время, кроме того, агентства не всегда располагают сотрудниками, кто свободно владел бы английским языком; в моем случае время ожидания составило примерно 4-7 дней.

Для граждан Португалии или иностранцев, которые свободно владеют португальским языком, это не должно занять много времени.

Другой сайт, который используется владельцами собственности, а также агентами по продаже недвижимости – www.olx.pt; здесь вы найдете тысячи предложений всех типов недвижимости. Я нашла много интересных предложений, перечисленных здесь. Сайт www.olx.pt похож, если не идентичен "eBay" используемый в Австралии и Америке.

Сайты, которые я перечислила, должны помочь вам найти много достойных вариантов для покупки, такие как земельные участки, мобильное жилье, квартиры, дома, здания и магазины это как минимум.

Сайт *www.green-acres.pt* является одним из наиболее часто используемых иностранцами для поиска зарубежной недвижимости.

Я могла бы привести еще много интернет-сайтов агентств недвижимости, представленных в Португалии, но, как гласит название книги "Основные принципы покупки недвижимости в Португалии", я действительно хочу, чтобы информация, приведенная здесь, была самой необходимой, самой основной. Самые простые и самые доступные объекты недвижимости могут быть найдены через сайты, перечисленные выше, и я нахожу их наиболее эффективным и действенными в поисках недвижимости в Португалии.

Большинство сайтов недвижимости доступны на нескольких языках; в случае необходимости Вы можете использовать *https:// translate.google.com/* для перевода, если ваш родной язык не доступен.

После того как вы определили собственность, которая вам понравилась, видели ее вживую и можете представить себя, живущих там, можете переходить к следующему этапу и внести предложение о покупке этой собственности.

ШАГ 4

ГОСУДАРСТВЕННЫЕ АУКЦИОНЫ

Министерство финансов Португалии курируют веб-сайт, где проводятся государственные онлайн - аукционы по продаже недвижимости

Кроме сайтов агентств недвижимости я также использовала сайт Министерства финансов Португалии - Financas, который работает от департамента правительства. В случаях, когда владельцы не смогли оплатить содержание, или не нашлось ни одного члена семьи после смерти хозяина, имущество отходит государству, которое, в свою очередь, принимает права собственности и проводит аукционы, чтобы погасить крупные задолженности по налогам и т.д.

http://www.e-financas.gov.pt/vendas/home.action

Если вы выбрали для покупки имущество, размещенное на этом сайте, то можете далее действовать самостоятельно, если вы гражданин Португалии. Если вы иностранец, то возможно легче найти кого-то, кто владеет португальским языком или advogado (юриста), который посоветует вам, как начать торги и закрепить за собой собственность, если ваша ставка выиграла.

В принципе, есть три варианта для покупки недвижимости у Financas:

Вариант 1 – Интернет аукцион

Вариант 2 – Закрытое письмо

Вариант 3 – Частные переговоры

Покупка недвижимости на правительственном аукционе за долю от стоимости звучит очень заманчиво, но, прежде чем участвовать в аукционе недвижимости от Financas, вы должны знать несколько нюансов.

Каждое имущество имеет куратора, частное лицо, офицера по недвижимости или другое юридическое лицо. Их обязанность заключается в том, чтобы показать собственность всем желающим принять участие в торгах в течение отведенного на это времени незадолго до начала аукциона. Имя и контактная информация куратора отображена на веб-странице аукциона.

Аукцион будет продолжаться пятнадцать дней, а начальная цена будет составлять 70% от общей стоимости имущества. Если в течение этого периода ставок не будет, интернет-аукцион будет закончен.

В течение двадцати дней после завершения онлайн-аукциона, в "Financas" будут принимать закрытые письма с предложениями о стартовой цене, начиная от 50% стоимости имущества (см. копию закрытого письма с предложением в конце этой главы).

Если по истечению этого периода так и не появилось никаких предложений, недвижимость будет продана с аукциона еще раз в нормальном онлайн-режиме, но теперь не будет минимальной стартовой цены за лот. Он может быть продан за всего лишь один (1,00) евро. ДА, ЭТО ПРАВДА!! НЕДВИЖИМОСТЬ МОЖНО КУПИТЬ ЗА ОДИН (1,00) ЕВРО.

Покупка недвижимости будет подлежать уплате налогов. Когда вы предлагаете цену, помните, что это цена без учета налогов. Во время покупки недвижимости, вы должны будете уплатить два следующих налога:

- **Imposto Municipal sobre Transmissão Onerosa de Imóveis**

Буквально звучит как "муниципальный налог на операции с имуществом".

- **Imposto do Selo**

Иначе говоря – гербовый сбор (налог, взимаемый при приобретении недвижимости и земли).

Вы можете подать заявку на аукционе через Интернет или в закрытом письме-предложении. Я предпочитаю первый вариант, потому что таким образом вы можете легко следить за результатом в Интернете.

Закрытый аукцион означает, что вы не имеете доступа к действиям и предложениям других желающих приобрести выбранную вами недвижимость, и результат будет известен только в конце аукциона. Итоги затем будут опубликованы на сайте в течение тридцати дней.

Если вы выиграете аукцион, то должны будете оплатить одну треть (1/3) от стоимости сразу, а остальные две трети (2/3) в течение пятнадцати дней.

Если общая стоимость имущества превышает 51000,00 евро, вы можете попросить увеличить период оплаты второго платежа до восьми месяцев.

Никакой специальный договор между вами и Financas не составляется. После того, как вы поместите ставку, ваши действия по приобретению имущества будут подпадать под регулирование португальскими законами.

После того как вы заплатили полную стоимость собственности, Financas выдаст вам документ, который называется "Auto de Adjudicacao", он в основном работает как товарный чек и передает право собственности на имущество вам.

После этого свершения имущество по-прежнему не ваше! Существует период времени (в зависимости от юридического процесса), в течение которого другие стороны могут опротестовать переход права собственности на имущество вам, такие как банки, недовольные супруги или члены семьи и т.д.

После окончания этого периода, и при условии отсутствия протестующих против операции, Financas выдаст вам юридический документ, который отменяет все ипотеки, освобождая имущество для регистрации на ваше имя.

Обычно при покупке недвижимости требуется "Escritura" (договор купли-продажи) между продавцом и покупателем, который должен быть заверен у "Notário" (нотариуса). Сценарий, описанный выше, является единственным, где не требуется ни "Escritura" ни любой другой договор. Операция регулируется таким образом для того, чтобы сделать передачу имущества проще и снизить затраты будущего владельца.

Два документа (товарный чек и аннулирование всех ипотечных обязательств) должны быть выданы вам в Financas, и которые вы должны затем отнести в Conservatóriado Registo Predial (Земельное бюро/Кадастровая контора). Это именно то место, где вы можете, наконец, зарегистрировать собственность на ваше имя в качестве законного владельца имущества.

Пожалуйста, помните, что перечисленная в объявлениях на продажу недвижимость, возможно, подлежит значительной реновации (капитальному ремонту) а то и вовсе сносу и возведению заново. Вы можете запросто купить недвижимость по низкой цене, но имейте в виду, что может потребоваться дополнительное капиталовложение или будут иметь место скрытые непредвиденные расходы в зависимости от того, будет ли недвижимость нуждаться в ремонте или полном восстановлении.

Перед покупкой какого-либо имущества проверьте его историю и правовой статус.

Для этого вам необходимо ознакомиться с **"Certidao do Registo Predial"** (Выдержка из земельного кадастра). Это документ, который содержит полную историю застройки или земельного участка. Как правило, куратор имеет отпечатанную копию этого документа.

Вы также можете сделать для себя копию в "Conservatóriado Registo Predial" (Земельном бюро) региона, где хотите купить собственность.

Это очень важная процедура – любой покупатель всегда должен проверять историю недвижимости и ее нынешних владельцев. В Португалии, является обычным делом, когда часть здания (небольшая в основном) принадлежит еще одному владельцу, как частному лицу или компании, или может быть заложено в несколько банков под ипотеку, залог или даже в ожидании судебного иска против владельца.

Кроме того, имущество может быть в настоящее время сдано в аренду кому-то, и вы можете узнать об этом лишь после приобретения собственности. В Португалии все жильцы, у которых есть договор аренды, юридически защищены этим договором.

Closed Proposal (португальский)

(Dados do comprador: Nome, morada, contribuinte e contactos)

Data: _____

ASSUNTO: PROC. No. _____
TRIBUNAL JUDICIAL DE _____
INSOLVENTE: _____

Excellencies,

Vimos por este meio apresentar a nossa proposta para aquisição dos bens a seguir identificados referente ao processo supra identificado:

Verba No: _____
Total: _____

Informamos V. Exas. que tomámos conhecimento do regulamento, não tendo nada a opor às condições de venda.

Sem mais,

Atenciosamente,

_____

Закрытое письмо-предложение
*(Информация о покупателе: ФИО, адрес,
ИНН, номер телефона и адрес электронной почты)*

Дата: _____

ПРЕДМЕТ: ПРОЦЕСС № _____
СУД _____
ЗАЛОГОВОЕ ИМУЩЕСТВО: _____

Ваши Превосходительства,

Настоящим мы представляем наше предложение на приобретение приведенных ниже определенных активов, относящихся к определенному выше процессу:

Сумма: _____
Всего: _____

Мы информируем Ваше Превосходительство, что мы понимаем сроки, не имея ничего противопоставить условиям продажи.

Конец письма,

С уважением,

_____

ШАГ 5

БАНКОВСКАЯ СОБСТВЕННОСТЬ

Банковские аукционы являются еще одним способом найти объект для сделки. Эти аукционы обычно проводят в стандартном режиме. Обычно это происходит при открытых дверях, в присутствии всех желающих принять участие в торгах, каждый из которых держит номер карты, как при обычном открытом аукционе. Есть некоторые аукционисты, которые организуют онлайн-аукционы, но такое случается реже.

Например:

• *http://www.uon-imobiliaria.pt/imobiliario.aspx?lang=EN*

Каждый аукцион имеет свои собственные правила, устанавливаемые органами банковского управления или аукционистом, уполномоченным проводить аукцион. Очень важно ознакомиться с правилами каждого аукциона до подписания каких-либо договоров или других документов, вы должны полностью понимать правила до того, как поместите ставку.

О грядущих аукционах, как правило, сообщается на веб-сайтах банков и также аукционистами или агентами по недвижимости.

Некоторые примеры:

Caixa Geral de Depósitos (Bank)

• *http://www.caixaimobiliario.pt/leiloes/*

Аукционисты

• *http://www.euroestates.pt/auctionlist.aspx?menuid=31*

• *http://www.uon-imobiliaria.pt/Imobiliario.aspx?lang=PT#/mediacao/?vendidos=0&pagina=1&ordenacao=5*

Агенты по недвижимости

- *http://www.era.pt/campanhas/leiloes-de-casas_pt_1*

- *http://www.era.pt/vantagens/campanhas-showaspx?idcampanha=
  1&title=leiloes-decasas&idcampanha=1&title=leiloes-de-casas&
  idioma=pt1*

Часто, вы можете найти банковскую собственность для продажи вне аукциона. Продажа осуществляется с помощью агента по недвижимости, к которому вам необходимо обратиться за подробной информацией. Имущество указано в перечне "банковская собственность".

Вот несколько примеров:

Millennium BCP

- *http://ind.millenniumbcp.pt/en/Particulares/viver/Imoveis/Pages/
  imoveis.aspx#/Search.aspx*

Caixa Geral de Depósitos (Банк)

- *https://en.caixaimobiliario.com/buy-or-rent-in-portugal/real-
  estate-search-result.jsp?operacao=8*

Прежде, чем идти на аукцион, вы должны осмотреть недвижимость. Портфолио недвижимости, выставляемой на аукционе, включает перечень характеристик каждого объекта недвижимости и контактные данные агента по недвижимости, ответственного за организацию процедуры осмотра собственности.

Для участия в банковских аукционах требуется регистрации в системе и внесения залога, который составляет примерно от 5% до 10% начальной стоимости собственности. Этот залог будет авансовым платежом, в случае если ваша ставка выиграет. Если вы не купаете какое-либо имущество, в конце аукциона сумма залога будет возвращена непосредственно вам.

Если вы откажетесь от покупки после выигрыша, то потеряете ваш взнос.

Банки, которые продают недвижимость, могут иметь определенные финансовые решения для конкретных объектов этих аукционов. Это означает, что банк может предложить вам ипотечный кредит. Убедитесь, что вы прочитали все документы и руководства к имуществу, в котором вы заинтересованы. Вам также необходимо ознакомиться с правилами/условиями каждого аукциона и убедиться, что поняли их верно.

Некоторые банки Португалии:

- Atlantico – Banco Portugues do Atlantico
- Banco de Portugal
- Banco 7
- Banco Portugues de Investimento (BPI)
- Banco Comercial Portugues
- Banco Espirito Santo
- Banco International de Credito S.A.
- Banco Mello
- Banco Santander Totta
- Banif – Banco Internacional do Fuchal
- Banif Financial Group
- Barclays Netbanking Portugal
- BBVA Portugal
- Caixa Geral de Depositos
- Caixa Economica Montepio geral (CEMG)
- Cisf – Banco de Investimento S.A.
- Credito Agricola
- Espirito Santo Financial Group (ESFG)

ШАГ 6

ДОГОВОРА

После того как вы определили собственность, которая вам понравилась, и договорились с продавцом о цене, вам предстоит заключить "Расписку - обещание о покупке и/или продаже". Это необходимо только в некоторых ситуациях, если невозможно купить недвижимость незамедлительно.

Если вы можете сразу купить недвижимость, то вам не нужны договора, юристы и т.д. Вы можете записаться на прием в CASA PRONTA. Это государственное учреждение, где вы можете позаботиться обо всем, что связано с приобретением имущества без отлагательств.

Где можно найти офис CASA PRONTA?

Обновленный список отделений:

*   *http://www.casapronta.pt/CasaPronta/conteudos/postos_ atendimento.jsp*

Вы можете обратиться в любой офис CASA PRONTA, независимо от региона, где расположено ваше будущее имущество. Просто выберите офис в удобном для Вас месте или ближайшем к тому, где вы остановились в Португалии.

Если вы покупаете собственность через агента по недвижимости, пусть агент позаботится о предварительной записи за вас. Это стандартная услуга агентств – записать на прием и доставить необходимые документы в офис CASA PRONTA. Услуга является бесплатной, плата агентом не взимается.

Если вы покупаете напрямую у строительной компании, это нормальная практика для компании, заботиться о назначения на встречу и предоставлении документов; также в этом случае без каких-либо пошлин или сборов.

Если вы покупаете недвижимость с использованием банковского кредита, встреча так же может быть назначена в банке и нотариус от CASA PRONTA подойдет в отделение банка, если всем сторонам так будет удобнее. В этом случае встреча бронируется в Интернете.

Вы не должны ничего делать, так как ваш банковский менеджер сам обязан обо всем позаботиться. Это также бесплатный сервис.

Все документы, которые продавец доставит в офис CASA PRONTA, будут проверены правительственным учреждением. Эти люди — высокие профессионалы, они легко обнаружат, если есть какие-либо правовые проблемы с имуществом и проинформируют вас.

Если вы не чувствуете себя в безопасности с тем, что ваше дело будет храниться в Португалии, заранее закажите копию проекта и попросите кого-то, кому вы доверяете, перевести его на ваш родной язык.

Этот документ составлен государственным нотариусом, не продавцом или кем бы то ни было.

Агентства недвижимости часто предоставляют клиенту услуги по переводу; агент по недвижимости будет присутствовать в офисе CASA PRONTA для того, чтобы помочь вам в случае возникновения любых проблем; если у вас возникнут сомнения, вам может быть предложена услуга перевода, особенно когда клиент является иностранцем. Это также бесплатно.

Как только встреча в учреждении назначена, вы должны позаботиться о том, чтобы не опоздать; некоторые отделения могут отменить встречу, если вы не прибудете в условленное время.

Что нужно взять с собой:

- Выданный банком чек (денежный перевод), чтобы заплатить за имущество.
- Ваше удостоверение личности
- Португальский налоговый номер (см. 113 для более подробной информации)
- Кредитную карту, наличные деньги или чековую книгу, чтобы оплатить услуги учреждения и налоги.
- Ваша жена, муж или партнер так же должны прийти, если вы покупаете недвижимость не только на свое имя.

Сколько это стоит?

1. 700,00 евро плюс налоги: две регистрации, т.е. оформление покупки и регистрация ипотеки, если вы используете банковский кредит; или
2. 375,00 евро плюс налоги: одна регистрация покупки без использования банковского кредита
3. Указанные сервисные сборы.
4. Налог IMT: таблица в приложении (Стр. 30-37)
5. Гербовый сбор: 1% от стоимости имущества.

Примечание: Некоторые налоги могут варьироваться в небольшом диапазоне с каждым годом. Информация, приведенная в книге, основана на ставках налогообложения за 2014 год.

Tables de IMT 2014M Imposto Municipal
Sobre As Transmissoes Onerosas de Imoveis
(португальский)

Continente

1. Aquisição de predio urbano ou fraccão autónoma de prédio urbano destinado exclusivamente à habitação própria e permanente:

CIMT – Art.° 17.° n.° 1-a)
Tabela Simplificada – Ano de 2014
Continente - Habitação própria e permanente

Rendimento Colectável (Euros)	Taxa Marginal a aplicar (em percentagem)	Parcela a abater (Euros)
Até 92.407,00	0%	0,00
De mais de 92.407,00 até 126.403,00	2%	1.848,14
De mais de 126.403,00 até 172.348,00	5%	5.640,23
De mais de 172.348,00 até 287.213,00	7%	9.087,19
De mais de 287.213,00 até 574.323,00	8%	11.959,32
Superior a 574.323,00	6%	0,00

2. Aquisição de predio urbano ou fraccão autónoma de prédio urbano destinado exclusivamente à habitação, não abrangido pelo quadro anterior:

CIMT – Art.° 17.° n.° 1-b)
Tabela Simplificada – Ano de 2014
Continente - Habitação

Rendimento Colectável (Euros)	Taxa Marginal a aplicar (em percentagem)	Parcela a abater (Euros)
Até 92.407.00	1%	0,00
De mais de 92.407,00 até 126.403,00	2%	924,07
De mais de 126.403,00 até 172.348,00	5%	4.716,16
De mais de 172.348,00 até 287.213,00	7%	8.163,12
De mais de 287.213,00 até 574.323,00	8%	11.035,25
Superior a 574.323,00	6%	0,00

Acquisição de prédios rústicos...5%

Acquisição de outros prédios urbanos e outras acquisições 6,5%

A taxa é sempre de 10%, nao se aplicando qualquer isenção ou redução sempre que o adquirente tenha a residência ou sede em país, território ou região sujeito a um regime fiscal mais favorável, constante de lista aprovada por portaria do Ministro das Finanças.

REGIÕES AUTÓNOMAS

1. Aquisição de prédio urbano ou fracção autónoma de prédio urbano destinado exclusivamente à habitação própria e permanente:

CIMT – Art.º 17.º N.º 1 – a] e Lei 2/90, de 4/8
Tabela simplificada – Ano de 2014
Regiões autónomas – Habitação própria e permanente

Rendimento Colectável (Euros)	Taxa Marginal a aplicar (em percentagem)	Parcela a abater (Euros)
Até 115.508,75	0%	0,00
De mais de 115.508,75 até 158.003,75	2%	2.310,18
De mais de 158.003,75 até 215.435,00	5%	7.050,29
De mais de 215.435,00 até 359.016,25	7%	11.358,99
De mais de 359.016,25 até 717.903,75	8%	14.949,15
Superior a 717.903,75	6%	0,00

2. Aquisição de prédio urbano ou fracção autónoma de prédio urbano destinado exclusivamente à habitação, não abrangido pelo quadro anterior:

CIMT – Art.° 17.° N.° 1 – a] e Lei 2/90, de 4/8
Tabela simplificada – Ano de 2014
Regiões autónomas – Habitação

Rendimento Colectável (Euros)	Taxa Marginal a aplicar (em percentagem)	Parcela a abater (Euros)
Até 115.508,75	0%	0,00
De mais de 115.508,75 até 158.003,75	2%	1.155,09
De mais de 158.003,75 até 215.435,00	5%	5.895,20
De mais de 215.435,00 até 359.016,25	7%	10.203,90
De mais de 359.016,25 até 717.903,75	8%	13.794,06
Superior a 717.903,75	6%	0,00

Таблицы IMT 2014M Муниципальный налог на операции с имуществом

Континент

1. Приобретение городской застройки или автономной доли городского здания, предназначенного только для собственного проживания и на постоянной основе.

CIMT – Ст.17, №1-а
Упрощенная Таблица - 2014 год
Континент - Отдельное постоянное жилье

Граничная прибыль, облагаемая налогом (евро)	Граничная ставка налога на прибыль (в процентном соотношении)	Сумма, подлежащая уплате (евро)
До 92407,00	0%	0,00
От 92407,00 до 126403,00	2%	1.848,14
От 126403,00 до 172348,00	5%	5.640,23
От 172348,00 до 287213,00	7%	9.087,19
От 287213,00 до 574323,00	8%	11.959,32
Свыше 574323,00	6%	0,00

2. Приобретение городской застройки или автономной доли городского здания, предназначенного только для проживания, не включенного в предыдущей таблице

CIMT – Ст. 17, №1-б
Упрощенная Таблица - 2014 год
Континент - Жилплощадь

Граничная прибыль, облагаемая налогом (евро)	Граничная ставка налога на прибыль (в процентном соотношении)	Сумма, подлежащая уплате (евро)
До 92407.00	1%	0,00
От 92407,00 до 126403,00	2%	924,07
От 126403,00 до 172348,00	5%	4.716,16
От 172348,00 до 287213,00	7%	8.163,12
От 287213,00 до 574323,00	8%	11.035,25
Свыше 574323,00	6%	0,00

Приобретение деревенского дома 5%

Приобретение прочих городских зданий
и другие дорогостоящие приобретения 6,5%

Ставка всегда фиксирована на уровне 10%, не допуская каких-либо исключений или уменьшений, когда покупатель проживает или имеет зарегистрированный офис в стране, на территории или в регионе с условиями более благоприятного налогового режима, перечень утвержден приказом Министра Финансов.

АВТОНОМНЫЕ РЕГИОНЫ

1. Приобретение городской застройки или автономной доли городского здания, предназначенного только в качестве постоянного места жительства:

CIMIT - Ст.17, № 1 - и закон 2/90, из 4/8
Упрощенная Таблица - 2014 год
Автономный регион - Собственное жилье на постоянной основе

Граничная прибыль, облагаемая налогом (евро)	Граничная ставка налога на прибыль (в процентном соотношении)	Сумма, подлежащая уплате (евро)
До 115508,75	0%	0,00
От 115508,75 до 158003,75	2%	2.310,18
От 158003,75 до 215435,00	5%	7.050,29
От 215435,00 до 359016,25	7%	11.358,99
От 359016,25 до 717903,75	8%	14.949,15
Свыше 717903,75	6%	0,00

2. Приобретение городской застройки или автономной доли городского здания, предназначенного только для проживания, не включенного в предыдущей таблице:

CIMIT - Ст.17, № 1 - б и закон 2/90, из 4/8
Упрощенная Таблица - 2014 год
Автономный регион - собственное жилье на постоянной основе

Граничная прибыль, облагаемая налогом (евро)	Граничная ставка налога на прибыль (в процентном соотношении)	Сумма, подлежащая уплате (евро)
До 115508,75	0%	0,00
От 115508,75 до 158003,75	2%	1.155,09
От 158003,75 до 215435,00	5%	5.895,20
От 215435,00 до 359016,25	7%	10.203,90
От 359016,25 до 717903,75	8%	13.794,06
Свыше 717903,75	6%	0,00

Прилагаю копию следующих договоров, как на португальском языке, так и их перевод. Эти договоры – пример тех, которые могут быть использованы при покупке недвижимости в Португалии. Они предназначены только для использования в качестве ориентира, так как могут незначительно отличаться в зависимости от многих факторов.

1. Копия лизингового договора (договор аренды) жилого помещения.
2. Contracto De Compra E Venda – Договор аренды жилого помещения с правом выкупа.
3. Contracto De Permuta – Договор мены (также известный как Своп)
4. Contracto de Promessa de Compra e Venda com reserve de Propriedade de Bens Movies – Договор купли-продажи с сохранением права собственности на имущество

Вы также должны знать, что можете сами составить ваш собственный договор, ссылаясь на специфические потребности при покупке недвижимости; если владелец согласен с условиями, изложенными в вашем предложении, то это и будет ваш с ним договор.

Например, что касается моего случая покупки недвижимости, я предложила разбить общую сумму на три составные, подлежащие выплате в течение шести месяцев. Владелец охотно согласился на условия, которые я предложила.

Casa Lease (португальский)

Entre:..,
natural da freguesia e concelho ...., viúva,
titular do bilhete de identidade .... emitido em
.... pelos ...., contribuinte
fiscal no. ...., ...,
titular do bilhete de identidade no. .... emitido em
...., contribuinte fiscal no. ....
..................., ambas residentes na..., ...,
...., na qualidade de herdeiras ....
...., NIF de herança ....
..............., como PRIMEIRAS OUTORGANTES e SENHORIAS, e,
...., solteiro, maior, natural de
...., de nacionalidade alemã,
titular do passaporte no. ....
emitido em .... pela embaixada alemã em
Lisboa, contribuinte fiscal no. .... e ....
...., ..., natural
da freguesia de ...., concelho de ....,
titular do cartão de cidadão no. .... válido até
.... emitido pela República Portuguesa, contribuinte
fiscal no. ...., ambos residentes em ....
....,
como SEGUNDOS OUTORGANTES e INQUILINOS, e
...., solteiro, maior,
natural de ...., Alemanha, de nacionalidade
alemã, titular do cartão de cidadão número ....
válido até .... emitido pela República Portuguesa,
contribuinte fiscal no. ...., residente em ....
.... Porches como
TERCEIRO OUTORGANTE E FIADOR é celebrado o presente

contrato de arrendamento habitacional nos termos do arto 1069 e seguintes do Código Civil, e que se rege pelas cláusulas seguintes:

Cláusula Primeira

As Primeiras Outorgantes são donas e legítimas proprietárias do prédio urbano destinado a habitação, sito em Rua do Sol também denominada ....
........................, freguesia e concelho de ....,
inscrito na respectiva matriz predial sob o artigo 741, descrito na Conservatória do Registo Predial de ....
sob o no. ....

Parágrafo único: Prédio construído antes da data de ....
......................................, conforme certidão camarária de
....

Cláusula Segunda

Pelo presente contrato as Primeiras Outorgantes dão de arrenda-mento aos Segundos, o referido prédio, devoluto de pessoas e bens, pelo período de .... a
....................................., renovável automaticamente por períodos de 1 ano, se não fôr denunciado por qualquer das partes.

Parágrafo único – Em caso de venda do imóvel por parte das Primeiras Outorgantes, ficam os Segundos desde já, com direito de preferência nessa aquisição, acordando para esse efeito o valor de .... € , se decorridos 5 anos de arrendamento.

Cláusula Terceira

O preço acordado a pagar pelos Segundos Outorgantes às Primeiras foi determinado por ambas as partes da seguinte forma:

- Primeiro ano: 500,00 € (quinhentos euros) , mensais, pagos até ao dia 8 de cada mês, por transferência bancária para a conta ....
- Segundo ano: 550,00 € (quinhentos e cinquenta euros) mensais, pagos até ao dia 8 de cada mês, por transferência bancária para a conta ....
- Terceiro ano : 600,00 € (seiscentos euros) mensais, pagos até ao dia 8 de cada mês por transferência bancária para a conta ....
- Quarto e Quinto anos : 650,00 (seiscentos e cinquenta euros), mensais , pagos até ao dia 8 de cada mês por transferência bancária para a conta ....
- Com a assinatura do presente contrato os Segundos Outorgantes pagam a quantia de 1500,00 euros (mil e quinhentos euros).

Cláusula Quarta

- Os Segundos Outorgantes ficam desde já autorizados pelas Segundas Outorgantes a sublocar ou ceder no todo ou em parte, onerosa ou gratuitamente, o local arrendado.
- Os Segundos Outorgantes não podem realizar quaisquer obras que não sejam previamente autorizadas por escrito pelos Senhorios, e devidamente licenciadas que quando de beneficiação ou quando consideradas benfeitorias, ficam a fazer parte integrante do arrendado, sem direito a pagamento ou indemnização seja a que titulo ou natureza fôr.

Cláusula Quinta

Os inquilinos obrigam-se também, sob pena de indemnização a:

a) Com o termo do contrato abandonar o local deixando-o em bom estado de conservação como actualmente se encontra, funcionamento das instalações da rede de distribuição de água, electricidade, gás e esgotos, pagando à sua custa as reparações relativas a danificações.
b) Manter em bom estado as paredes, soalho e vidros.

Cláusula Sexta

O destino do arrendado é exclusivamente para habitação, não lhe podendo ser dado outro fim sob pena de resolução contratual.

Cláusula Sétima

O pagamento da água municipalizada, da energia eléctrica e saneamento básico, é da responsabilidade dos Segundos Outorgantes.

Cláusula Oitava

1. O Terceiro Outorgante, na qualidade de Fiador, procederá à respectiva renúncia do benefício de excussão prévia, assumindo de forma solidária, com os Segundos Outorgantes, o cumprimento estrito e pontual de todo o conteúdo versado no presente contrato de arrendamento.
2. Em conformidade com o no anterior, o fiador responderá ainda solidariamente por toda e qualquer alteração ou aditamento ao presente contrato.

3. No seguimento dos nos antecedentes, o seu conteúdo será válido, até à restituição do prédio objecto do presente contrato, livre quer de pessoas quer de bens.
4. Em tudo o que estiver omisso regulam as disposições legais aplicáveis.

OS PRIMEIROS OUTORGANTES

O SEGUNDO OUTORGANTE

Договор аренды дома

Между: _____, _____ округ
_____ графство _____, (дата
рождения _____), семейное положение
_____, удостоверение личности № _____
дата выдачи _____ Государственной Служба
Идентификации _____, ИНН _____
и _____ округ _____ графство
_____, (дата рождения_____),
семейное положение _____, удостоверение личности
№ _____ дата выдачи _____
Государственной Служба Идентификации _____,
ИНН _____, оба резиденты
_____ как наследники _____
_____, свидетельство плательщика
НДС № _____, выступают в качестве ПЕРВОЙ
СТОРОНЫ и ЗЕМЛЕВЛАДЕЛЬЦА, и, _____
_____, семейное положение _____,
совершеннолетний, дата рождения_____,
_____ гражданства, паспорт № _____ дата
выдачи _____ посольством _____
в _____, ИНН _____
и _____, семейное
положение_____, округ _____ графство
_____, удостоверение личности №
_____ действителен до _____ кем выданный
_____, ИНН_____, оба
резиденты _____ выступают как ВТОРАЯ
СТОРОНА, и АРЕНДАТОР, и _____,
семейное положение _____, совершеннолетний, дата
рождения _____, гражданство _____,
удостоверение личности № _____ действителен до

_____ кем выдан _____, ИНН _____, проживающий в _____ _____

как ТРЕТЬЯ СТОРОНА и ГАРАНТ, постановил настоящим заключение документа о сдаче жилья в аренду на условиях ст. 1069 Гражданского Кодекса и регулируемого следующими положениями:

Первый пункт

Первая Сторона является законным владельцем городской жилой застройки в г._____, округа _____ графство _____, записанного в соответствующем земельном кадастре № _____, подробное описание в земельном кадастре _____ запись № _____.

Здание построено до 7 августа 1951 года, согласно свидетельства, выданного городским советом № _____

Второй пункт

Настоящим договором, Первая Сторона предоставляет аренду Второй Стороне вышеуказанное здание, незанятое людьми или товаром, на период с_____ по_____, который автоматически продлевается сроком до 1 года, если не будет денонсировано любой из сторон.

В случае продажи недвижимости Первой Стороной, Вторая Сторона имеет право первого отказа в этом приобретении; получая в случае перепродажи недвижимости другим заинтересованным сторонам возмещение стоимости аренды последующих _____ месяцев, оставшихся до истечения срока аренды.

Третий пункт

Установленная цена была согласована обеими сторонами, и обязана быть оплаченной Второй Стороной следующим образом:

- Установленная цена была согласована обеими сторонами, и обязана быть оплаченной Второй Стороной следующим образом:

    р/с _____

- Второй год: 550,00 евро (пятьсот пятьдесят евро) ежемесячно, путем перевода на банковский счет до 8-го числа каждого месяца.

    р/с _____

- Третий год: 600,00 (шестьсот евро) ежемесячно, путем перевода на банковский счет до 8-го числа каждого месяца.

    р/с _____

- Четвёртый и пятый Год: 650,00 (шестьсот пятьдесят евро) ежемесячно, путем перевода на банковский счет до 8-го числа каждого месяца.

    р/с _____

С подписанием данного договора Второй Стороне полагается выплатить сумму в размере _____ евро (_____ евро).

Четвертый пункт

- Первая Сторона наделяет Вторую Сторону полномочиями для субаренды или передачи прав на собственность, являющуюся предметом договора, полностью или частично, за деньги или бесплатно.
- Вторая Сторона, не имеет права проводить какие бы то ни были работы по улучшению собственности, предварительно не получив на это разрешение землевладельца, и не оформив все надлежащим образом, так как обновлении или улучшения, являются неотъемлемой частью самого объекта аренды. В противном случае таковые действия не будут оплачены или возмещены, независимо от вида ремонтных работ или причины их проведения.

Пятый пункт

Арендаторы обязуются под угрозой компенсации выполнять следующие требования:

a) С момента подписания договора, содержать жилье в таком же состоянии, в каком оно сейчас находится, следить за исправностью коммуникаций по обеспечению водоснабжения, электричества, газа и канализации, оплачивать их ремонт за свой счёт соразмерно повреждению.

b) Поддерживать в хорошем состоянии стены, пол и оконные стекла.

Шестой пункт

Собственность, являющаяся предметом договора, сдается в аренду исключительно для жилья, и иное предписание не может быть рассмотрено, в противном случае есть угроза санкции за нарушение условий договора.

Седьмой пункт

Оплата за услуги городских коммунальных служб по электро-, водоснабжению и канализации является обязанностью Второй Стороны.

Восьмой пункт

1. Третья Сторона, как Гарант, отказывается от выгоды предварительного обвинения, будучи солидарной с Второй Стороной, так же строго следить за пунктуальным выполнением всех условий, изложенных в данном договоре аренды.
2. В соответствии с предыдущим параграфом, Гарант будет также отвечать за любую поправку или дополнение к этому договору.
3. Все вышеизложенные пункты будут действовать до возвращения здания, являющегося предметом данного договора, свободного от людей или товаров законному владельцу.

Все, что не вошло в данный договор, подлежит регуляции законными положениями.

Адрес ,_____

Дата, _____

ПЕРВАЯ СТОРОНА

ВТОРАЯ СТОРОНА

Contrato de Arrendamento Urbano para fins Habitacionais e com Opção de Compra (португальский)

Acrescentar ao contrato uma cláusula com o seguinte teor:

Cláusula Décima Segunda

O primeiro outorgante (senhorio) confere ao segundo outorgante (arrendatário) o direito de adquirir o imóvel objeto do presente contrato nos termos e condições constante do anexo 1 que dele faz parte integrante.

ANEXO 1

OPÇÃO DE COMPRA

1. O primeiro outorgante (senhorio) e o segundo outorgante (arrendatário) acordam que o preço de venda do imóvel objeto do presente contrato é de .... euros (por extenso).

2. Mais acordam que ao preço referido no número anterior serão deduzidas ....(percentagem) das rendas efetivamente pagas pelo segundo outorgante ao primeiro outorgante, no âmbito da vigência do contrato de arrendamento e que sejam devidas até à data do contrato de compra e venda.

3. O segundo outorgante poderá exercer o seu direito de opção de compra, nos termos referidos nos números anteriores, até cento e oitenta (180) dias antes da data do termo do contrato.

4. Caso o segundo outorgante não exerça o direito referido no número anterior, o contrato de arrendamento renovase por igual

período, sem prejuízo do direito de as partes se oporem à sua renovação, nos termos do disposto na lei.

5. Salvo acordo em contrário entre as partes, o não exercício do direito de opção de compra por parte do segundo outorgante, nos termos e condições referidos nos números anteriores, faz cessar o mesmo e, em consequência, fica sem efeito o disposto nos números um e dois deste anexo.

6. Sem prejuízo do disposto no número três, a opção de compra por parte do segundo outorgante poderá ser exercida a todo o tempo de vigência do presente contrato, mediante o envio de carta, por correio registado com aviso de receção, ao primeiro outorgante.

7. Caso o primeiro outorgante não cumpra com o acordado no presente anexo, não aceitando o exercício do direito de opção de compra nos termos definidos neste anexo e não comparecendo à celebração do contrato de compra e venda, é da sua responsabilidade devolver ao segundo outorgante a quantia de .... euros, correspondente a .... meses de renda, acrescida de juros de mora à taxa legal desde a data da comunicação do segundo outorgante até efetivo pagamento.

8. A marcação do contrato de compra e venda ficará a cargo do segundo outorgante, o qual deverá comunicar por escrito, em correio registado com aviso de receção, ao primeiro outorgante, o local, a data e a hora do referido contrato, com a antecedência mínima de oito dias da data agendada.

9. O imóvel objeto do presente contrato será vendido livre de quaisquer ónus e encargos.

10. São da responsabilidade do .... outorgante todas as despesas e encargos com a formalização do contrato devido pelo exercício do direito de opção de compra do imóvel

melhor descrito na cláusula.................…....., nomeadamente registos provisórios ou definitivos, Imposto Municipal sobre as Transmissões Onerosas (IMT), se a estes houver lugar, emolumentos notariais e toda a documentação

Feito em ……………………..... de .... de 2013, em duplicado, ficando um exemplar em poder de cada uma das partes.

Primeiro Outorgante

Segundo Outorgante

Договор о съеме городского жилища с правом его дальнейшего выкупа

Добавьте в договор следующий пункт:

Двенадцатый пункт

Первая сторона ....
(Арендодатель) Предоставляет Второй стороне ....
.... (Арендатор) право на приобретение
имущества ....

Предмета этого договора на условиях, изложенных внутри Приложения 1, который является частью договора.

ПРИЛОЖЕНИЕ 1

ВАРИАНТ ВЫКУПА

1. Первая сторона .... (Арендодатель) и Вторая сторона .... (Арендатор) пришли к соглашению, что стоимость объекта недвижимости............................. предмета данного договора, составляет .... прописью) евро.

2. Большинство согласны, что из стоимости, упомянутой выше, будет удержано: .... % (процентов) от суммы, фактически уплаченной Второй стороной в пользу Первой стороны, в течение срока, оговоренного договором аренды, и подлежит выплате до даты окончания договора купли-продажи.

3. Вторая сторона может реализовать свое право выкупа на условиях, установленных в предыдущих пунктах не позднее ста восьмидесяти (180) дней до даты истечения срока действия договора.

4. Если Вторая сторона не осуществляет право, предусмотренное в предыдущем пункте, договор аренды будет продлен на тот же период, без ущерба для сторон; чтобы опротестовать его продление, сторонам придется совершить это в соответствии с действующим законодательством страны.

5. Если иное не согласовано сторонами, не реализация права выкупа Второй стороной, в соответствии с условиями и правилами, указанными в предыдущих пунктах, не имеет никакого эффекта на положения первой и второй частей этого приложение.

6. Без ущерба для п.3, право на выкуп Второй стороной, может быть реализовано в любой момент до окончания срока действия данного договора; для этого Второй стороне необходимо направить запрос на выкуп заказным письмом, адресованным Первой стороне, с подтверждением о получении.

7. Если Первая сторона не соблюла все соглашения в настоящем Приложении, за вычетом реализации права Второй стороны на выкуп собственности, как это определено в настоящем Приложении, и не посетила подписание договора купли-продажи, она обязана вернуть Второй Стороне сумму в ………………………………………………… евро, что соответствует ………………………………… месяцам аренды, плюс проценты согласно юридических ставок, от даты уведомления Второй стороны, до осуществления платежа.

8. Ответственность за маркировку договора купли-продажи лежит на Второй стороне, которая должна направить

письменное уведомление о месте, дате и времени заключения договора заказным письмом Первой стороне с уведомлением о получении, по крайней мере за восемь дней до даты проведения процедуры подписания.

9. Имущество, являющееся предметом данного договора, будет продаваться, не отягощаясь залогами и сборами.

10. В обязательства Гаранта .... входят все расходы и сборы, связанные с формализацией договора в связи с осуществлением возможностью выкупа лучшей недвижимости в перечне ...., в том числе временных или постоянных записей, муниципальный налог на операции с недвижимостью (IMT), и при необходимости, нотариальные услуги и сбор всей необходимой документации.

Дата подписания оригинала....................................... 2013г., а также дубликата и нескольких аутентичных копий для каждой из сторон.

Первая сторона

Вторая сторона

Contrato De Compra E Venda

PRIMEIRO

...

e

SEGUNDO

...

sobre a identificação das partes, vendedor e comprador, ver *"notas"* celebram entre si contrato de compra e venda, nos termos das cláusulas seguintes:

Primeira

Pelo preço de ... euros, que já recebeu e de que dá quitação, o PRIMEIRO vende ao SEGUNDO a fracção autónoma designada pela letra ..., correspondente a ..., do prédio urbano, sito em ..., freguesia de   ... , concelho de ..., descrito na Conservatória do Registo Predial de ... sob o número ... da freguesia de ..., submetido ao regime da propriedade horizontal nos termos da inscrição F - ..., inscrito na matriz predial urbana sob o artigo ..., sendo de ... euros o valor patrimonial da fracção autónoma, que está registada a favor do vendedor pela inscrição G- ....

Segunda

A fracção autónoma é vendida livre de ónus ou encargos, ficando assegurado o cancelamento da hipoteca registada a favor de   ... pela inscrição C - ....

Terceira

Para o prédio/para a fracção autónoma ora transmitida foi emitido pela Câmara Municipal de ..., no dia ..., o alvará de autorização de utilização no.... /O prédio foi inscrito na matriz em data anterior a 1951, não sendo exigível licença de utilização.

Quarta

O SEGUNDO aceita a venda, destinando a fracção adquirida a habitação própria permanente.

1. *O SEGUNDO aceita a venda, destinando a fracção adquirida a habitação própria permanente.*

2. *O Comprador utilizou no pagamento, a quantia de ... euros, proveniente de conta "Poupança-Habitação", titulada em seu nome, e aberta há mais de um ano, junto do Banco ....*

Quinta

A ficha técnica do imóvel será entregue pelo PRIMEIRO ao SEGUNDO no acto de autenticação do presente contrato.

Sexta

... não exerceu o respectivo direito legal de preferência.

Sétima

No presente negócio interveio   F ...,   mediador imobiliário/ sociedade de mediação imobiliária, titular da   licença no.   ... / registado(a) no Instituto da Construção e do Imobiliário, I.P., sob o no. .... /As partes não recorreram a mediação imobiliária.

local: _____

data: _____

assinaturas: _____

TERMO DE AUTENTICAÇÃO

No dia … , em ….[i], perante mim, … [ii], compareceram:

sobre a identificação das partes [vendedor e comprador], demais intervenientes e sobre a verificação da respectiva identidade, ver notas"

que, para autenticação, me apresentaram o contrato de compra e venda anexo, declarando que já o leram/que estão perfeitamente inteirados do seu conteúdo, que exprime a sua vontade [e/ou a vontade do seu Representado].

E que, advertidos de que, nos termos do disposto no artigo 40.o da Lei n.o 15/2013, de 8 de fevereiro, o cliente de empresa de mediação imobiliária que omita a informação sobre a intervenção desta no contrato incorre na pena aplicável ao crime de desobediência previsto no art.o 348.o do Código Penal, declararam ainda que, para a compra e venda, recorreram a mediação imobiliária prestada por …, titular da licença n.o … /registado(a) no Instituto da Construção e do Imobiliário, I.P. sob o no. … / não recorreram a mediação imobiliária.

Verifiquei:

• a identidade das partes … e a qualidade e poderes para o presente acto … [iii];

• sobre a verificação da identidade das partes e demais intervenientes, ver notas"

- os elementos registrais da fracção autónoma transmitida por consulta da certidão permanente de registo predial, com o código de acesso n.o ... /por certidão do teor da descrição e das inscrições em vigor, emitida pela Conservatória ... , no dia ..., que exibiram;

- os elementos matriciais por consulta da caderneta predial ... /por caderneta predial/certidão do teor da inscrição matricial/ comprovativo da declaração para inscrição ou actualização da inscrição de prédios urbanos na matriz (modelo 1) emitido no dia ... , que exibiram;

Exibiram:

- alvará de autorização de utilização n.o ..., emitido para a fracção autónoma/para o prédio[iv] pela Câmara Municipal de ..., no dia/ certidão de escritura pública, da qual consta que para o prédio/para a fracção autónoma vendida[v], foi emitido pela Câmara Municipal de ..., no dia ... , o alvará de autorização de utilização n. o ... /caderneta predial emitida no dia ..., da qual consta que o imóvel foi inscrito na matriz em data anterior a 7 de Agosto 1951/certidão emitida pela ... no dia ..., comprovativa de que o prédio foi edificado antes de 7 de Agosto de 1951, pelo que a respectiva utilização não estava sujeita a licenciamento municipal];

- a ficha técnica da habitação[vi], neste acto entregue ao comprador

Ficam arquivados:

- documento único de cobrança do imposto municipal sobre as transmissões onerosas de imóveis n.o ... , no valor de ... , liquidado no dia ... e pago no dia, e o extracto da declaração para a liquidação [vii];

- documento único de cobrança n.o ... , comprovativo do pagamento do imposto do selo da verba 1.1 da tabela geral, no valor de ..., liquidado no dia ... e pago no dia ... , e o extracto da declaração para a liquidação.

- declaração emitida pelo Banco ... no dia, comprovativa de que o comprador utilizou na aquisição do imóvel o montante de ..., proveniente da conta poupança-habitação que tem naquela instituição bancária, tendo respeitado o prazo contratual mínimo de um ano de imobilização [viii].

As partes foram advertidas da anulabilidade/ ineficácia do acto em relação a ... por ... [ix].

O presente termo de autenticação foi lido e explicado, em voz alta e na presença simultânea de todos os intervenientes

[assinaturas das partes, demais intervenientes[x] e da entidade autenticadora]

ДОГОВОР КУПЛИ-ПРОДАЖИ

ПЕРВАЯ СТОРОНА

....

И

ВТОРАЯ СТОРОНА

....

Называемые стороны являются Продавцом и Покупателем соответственно (см. Примечания)

Настоящим постановляется подписание договора о купле-продаже в соответствии со следующими пунктами:

Первый пункт

За стоимость в .... евро, которая уже оплачена Первой стороной .... и получена Второй стороной .... продается объект застройки, указанный в письме .... адресованном ...., городское здание расположенное в г..............................., округа ...., муниципалитета ...., описан в Земельном кадастре под номером ....

Второй пункт

Объект застройки продается вольно, без обременения залогами или сборами, что подтверждается главой "С" ....
описание - ....

Третий пункт

Разрешение на использование дома/части здания, являющееся предметом данного договора, выдано властями города ...., от ...., разрешение № .... /............ Здание было записано в матрице на дату, предшествующую 1951, исключая необходимость лицензирования.

Четвертый пункт

Вторая сторона соглашается на продажу части здания для постоянного места жительства.

1. *Вторая сторона соглашается на продажу части здания для постоянного места жительства.*

2. *Покупатель уплатил сумму в .... евро со счёта "жилищных сбережений", открытый в бан ке............................ более года назад.*

Пятый пункт

Документация на собственность будет передана Первой стороне после утверждения аутентификации данного договора.

Шестой пункт

.... Не имел законного права первого отказа.

Седьмой пункт

В этом деле участвуют ...., агент по недвижимости / компания по недвижимости, лицензия №............. / зарегистрирована в Институте строительства и недвижимости, IP, в соответствии с пунктом .... / Стороны не пользовались услугами риэлтерской компании.

Адрес: _____

Дата: _____

Подписи: _____

УСЛОВИЯ АУТЕНТИФИКАЦИИ

В (во)..............................……. (день недели), ...……… (дата), в присутствии нотариуса ....……, собрались здесь …………….. ………………………………………… (адрес)

Удостоверения личности обеих сторон соглашения [продавца и покупателя], других заинтересованных сторон, -

Смотреть в "Примечаниях"

Для аутентификации мне был продавцом [и/или его представителями] предложен договор купли-продажи, прилагающийся далее; постановляю, что текст договора купли-продажи мною прочитан и уяснен.

Рекомендовано в соответствии со статьей 40 Закона № 15/2013 от 8 февраля, что Клиент - компания по недвижимости в случае утайки информации о своей причастности к договору получит штраф, в связи с нарушением условий договора, предусмотренного в статье 348 Уголовного Кодекса, также заявлено, что покупка и продажа, упомянутой недвижимости, предоставляемой ...., согласно лицензии номер .... / зарегистрированной в Институте строительства и недвижимости, IP пункт номер ...... / Стороны не пользовались услугами риэлтерской компании.

Проверено:

• Личность сторон …………. и квалификация и дееспособность ………………………………; Документы, удостоверяющие личность обеих стороны соглашения [продавца и покупателя], других заинтересованных сторон приложены в "Примечаниях"

- Реестр частей застройки, передаваемые в соответствии с действующим сертификатом Земельного реестра, с кодом доступа .... оформительные документы и свидетельство с описанием действительны, выданы Регистратором ...., дата выдачи ...., были предъявлены;

- Матричные элементы, согласно соответствующего реестра недвижимости .... / домовой книги / содержание свидетельства о регистрации в матрице / заявление, подтверждающее регистрацию или перерегистрацию городской собственности в матрице (форма 1), дата выдачи .... были предъявлены;

Предъявлено:

- Никакого зарегистрированного разрешения на пользование/ лицензии для части дома/городской застройки в г..................... выдано не было; заверенный нотариальный акт на дом/часть здания, был выдан городским советом г. .... дата выдачи .... разрешение на ввод в эксплуатацию № .... /техпаспорт на землю выдан от....................., согласно которому собственность была записана в матрице на дату, предшествующую 7 му августа 1951 году/свидетельство выдано (кем) .... дата выдачи ...., как доказательство факта постройки здания до указанного выше периода, таким образом, его эксплуатация не подлежала еще муниципальному лицензированию;

- Паспорт на жилье настоящим предоставляется покупателю.

Приложены документы:

- Сводный документ по налоговым обязательствам по Налогу на операции с имуществом № .... общей стоимостью ……………………………, счет датирован ……………………… и оплачен в день выписки;

• Сводный документ ……………………………………… ……………………… №………………, доказательство оплаты Гербового сбора по форме 1.1 общей таблицы, общей стоимостью ……………………………, счет датирован ……………………… и оплачен в день выписки;

• Подтверждение, выданное банком ……………… в день, избранный покупателем для совершения покупки собственности, о снятии суммы ……………………………… …… ……………………… со сберегательных счетов, предназначенных для покупки жилья, которые прежде были зачислены на счет с соблюдением срока в один год.

Стороны были проинформированы о прекращении действия / недействительности акта выданного ……………………………… ………………………………(ФИО), менеджером банка ………………… ………………………………(наименование).

Акт об аутентификации был прочитан и разъяснен, вслух и в присутствии всех заинтересованных сторон.

…………………………… ……………………………

ФИО……………………… **ФИО** ………………………

[Подписи сторон соглашения, других заинтересованных лиц и организации, устанавливающей аутентичность]

CONTRATO DE PERMUTA (ПОРТУГАЛЬСКИЙ)

PRIMEIRO

...

e

SEGUNDO

...

sobre   a   identificação   das   partes,   ver *"notas"*

celebram entre si contrato de permuta, nos termos das cláusulas seguintes:

Primeira

Que são donos e legítimos possuidores:

- o PRIMEIRO da fracção autónoma designada pela letra ... , correspondente a ... , destinada a ... , do prédio urbano, sito em ... , na freguesia de ... , concelho de ... , descrito na Conservatória do Registo Predial de ... sob o número ... da freguesia de ... , submetido ao regime de propriedade horizontal nos termos da inscrição F - ... , registada a seu favor pela inscrição G - ... , inscrito na matriz predial urbana sob o artigo ... , com o valor patrimonial   de   ... euros, a que atribuem o valor de ... euros, e será designada IMÓVEL UM.

- o SEGUNDO de ...   , a que atribuem o valor de ... euros, e será designado IMÓVEL DOIS.

Segunda

Sobre o IMÓVEL UM incide uma hipoteca a favor de ... , para garantia de empréstimo concedido ao PRIMEIRO, registada pela apresentação ... , cujo cancelamento está assegurado.

O IMÓVEL DOIS está livre de qualquer ónus ou encargo.

Terceira

Pelos valores acima atribuídos, o PRIMEIRO cede o IMÓVEL UM ao SEGUNDO, que em troca lhe dá o IMÓVEL DOIS e ... euros, em dinheiro, importância de que dá quitação.

Quarta

1. Para o prédio de que faz parte o IMÓVEL UM foi emitida em ... , pela Câmara Municipal de ... , a autorização de utilização no ... .

2. Para o IMÓVEL DOIS foi emitida em ... pela Câmara Municipal de ... , autorização de utilização no ... .

Quinta

As fichas técnicas dos imóveis permutadas serão entregues no acto de autenticação deste contrato.

Sexta
(Mediação imobiliária)

No presente negócio interveio F ... , mediador imobiliário/sociedade de mediação imobiliária, titular da licença n.o ... /registado(a) no Instituto da Construção e do Imobiliário, I.P., sob o n.o ... . /As partes não recorreram a mediação imobiliária.

Sétima

As Partes destinam os imóveis que acabam de adquirir a habitação própria permanente.

Local: _____

Data: _____

Assinaturas: _____

TERMO DE AUTENTICAÇÃO

No dia ... , em ....[xi], perante mim, ... [xii], compareceram:

sobre a identificação das partes, demais intervenientes e sobre a verificação da respectiva identidade, ver "*notas*"

que, para autenticação, me apresentaram o contrato de permuta anexo, declarando que já o leram/que estão perfeitamente inteirados do seu conteúdo, que exprime a sua vontade [e/ou a vontade do seu Representado].

E que, advertidos de, que nos termos do disposto no artigo 40.o da Lei n.o 15/2013, de 8 de fevereiro, o cliente de empresa de mediação imobiliária que omita a informação sobre a intervenção desta no contrato incorre na pena aplicável ao crime de desobediência previsto no art.o 348.o do Código Penal, declararam ainda que, para a permuta, recorreram a mediação imobiliária prestada por ... , titular da licença n.o ... /registado(a) no Instituto da Construção e do Imobiliário, I.P. sob o n.o ... / não recorreram a mediação imobiliária.

Verifiquei:

* a identidade das partes ... e a qualidade e poderes para o presente acto ... [xiii];

* sobre a verificação da identidade das partes e demais intervenientes, ver "notas"

* os elementos registrais de ... por consulta da certidão permanente de registo predial, com o código de acesso n.o ...

/por certidão do teor da descrição e das inscrições em vigor, emitida pela Conservatória ... , no dia ..., que exibiram;

os elementos matriciais de ...   por consulta da caderneta predial ... /por caderneta predial/certidão do teor da inscrição matricial/ comprovativo da declaração para inscrição ou actualização da inscrição de prédios urbanos na matriz (modelo 1) emitido no dia ... , que exibiram;

Exibiram:

*   alvará de autorização de utilização n.o ..., emitido para a fracção autónoma/para o prédio[xiv] pela Câmara Municipal de ..., no dia/ certidão de escritura pública, da qual consta que para o prédio/para a fracção autónoma permutada[xv], foi emitido pela Câmara Municipal de ..., no dia ... , o alvará de autorização de utilização n. o ... /caderneta predial   emitida no dia ..., da qual consta que o imóvel foi inscrito na matriz em data anterior a 7 de Agosto 1951/certidão emitida pela ... no dia ..., comprovativa de que o prédio foi edificado antes de 7 de Agosto de 1951, pelo que a respectiva utilização não estava sujeita a licenciamento municipal;

*   a ficha técnica da habitação[xvi], neste acto entregue a ... .

Ficam arquivados:

*   documento único de cobrança do imposto municipal sobre as transmissões onerosas de imóveis n.o ... , no valor de ... , liquidado no dia ... e pago no dia, e o extracto da declaração para a liquidação [xvii];

*   documento único de cobrança n.o ...   , comprovativo do pagamento do imposto do selo da verba 1.1 da tabela geral, no valor de ..., liquidado no dia ... e pago no dia ... , e o extracto da declaração para a liquidação.

As partes foram advertidas da anulabilidade/ ineficácia do acto em relação a ... por ... [xviii].

O presente termo de autenticação foi lido e explicado, em voz alta e na presença simultânea de todos os intervenientes

[assinaturas das partes, demais intervenientes[xix] e da entidade autenticadora]

ДОГОВОР МЕНЫ

ПЕРВАЯ СТОРОНА

....

И

ВТОРАЯ СТОРОНА

....

Документы, подтверждающие личность сторон прилагаются.

См. "Примечания"

Настоящим согласуется подписание договора мены, в соответствии со следующими пунктами:

Первый пункт

Владельцы и законные владельцы:

- Первый объект соглашения - часть жилого дома совместного владения, означенный в письме ...., соответствующем .... оговаривающем городское здание расположено в г. .... округа .... графства ...., записанном в земельном кадастре под номером .... из .... округ .... зарегистрирован в режиме горизонтальной собственности в главе "F" - ...., записанный в его пользу в главе "G" - .... вписан в городской земельный кадастр под номером ....

с балансовой стоимостью ....
евро, которые определяют стоимость в ....
.... евро, которая и будет определяться данным договором
как ПЕРВАЯ СОБСТВЕННОСТЬ.

• Второй объект соглашения ....
стоимостькоторогосоставляет..............................евро,ибудет
определяться договором как ВТОРАЯ СОБСТВЕННОСТЬ.

Второй пункт

ПЕРВАЯ СОБСТВЕННОСТЬ закладывается в качестве ипотеки
в пользу .... (ФИО) для гарантии
Первой стороне, заверено присутствием ....,
чья отмена гарантирована.

Второй объект освобожден от всех накладных расходов или
платежей.

Третий пункт

В дополнение к описанному выше, Первая сторона сдает
собственность Второй стороне, которая в свою очередь,
оплачивает .... евро и еще 2,00 евро
наличными для уменьшения регистрационных пошлин в случае
покупке нескольких частей дома.

Четвертый пункт

1. Для здания, являющегося частью Первого объекта ....
   .... свидетельство выдано городским
   советом в г. ...., разрешение на
   ввод в эксплуатацию №.......................................

2. Для здания, являющегося Вторым объектом, свидетельство
   выдано городским советом в г. ....,
   разрешение на ввод в эксплуатацию №.......................................

Пятый пункт

Документация на объекты недвижимости, являющиеся предметом данного договора, будет передана новым владельцам после утверждения аутентификации данного договора.

Шестой пункт

(Агентства недвижимости)

В этом деле участвуют ...., Агент по недвижимости / риэлтерская компания, лицензия № ..../ зарегистрирован в Институте строительства и недвижимости, IP, в соответствии с пунктом ..../

Стороны не прибегли к помощи риэлтора.

Седьмой пункт

Стороны являются домовладельцами, которые в конечном итоге осуществляют приобретение собственного постоянного жилья.

Адрес: _____

Дата: _____

Подписи: _____

УСЛОВИЯ АУТЕНТИФИКАЦИИ

В (во) .... (день недели), ... (дата), в присутствии нотариуса ...., собрались здесь .... (адрес)

Удостоверения личности обеих сторон соглашения [продавца и покупателя], других заинтересованных сторон, -

Смотреть в "Примечаниях"

Для аутентификации мне был продавцом [и/или его представителями] предложен договор купли-продажи, прилагающийся далее; постановляю, что текст договора купли-продажи мною прочитан и уяснен.

-Рекомендовано в соответствии со статьей 40 Закона № 15/2013 от 8 февраля, что Клиент - компания по недвижимости в случае утайки информации о своей причастности к договору получит штраф, в связи с нарушением условий договора, предусмотренного в статье 348 Уголовного Кодекса, также заявлено, что покупка и продажа, упомянутой недвижимости, предоставляемой ...., согласно лицензии номер .... / зарегистрированной в Институте строительства и недвижимости, IP пункт номер ...... / Стороны не пользовались услугами риэлтерской компании.

Проверено:

* Личность сторон .... и квалификация и дееспособность ....; Документы, удостоверяющие личность обеих стороны соглашения [продавца и покупателя], других заинтересованных сторон приложены в "Примечаниях"

* Реестр частей застройки, передаваемые в соответствии с действующим сертификатом Земельного реестра, с кодом доступа ....

оформительные документы и свидетельство с описанием действительны, выданы Регистратором ...., дата выдачи ...., были предъявлены;

- Матричные элементы, согласно соответствующего реестра недвижимости .... / домовой книги / содержание свидетельства о регистрации в матрице / заявление, подтверждающее регистрацию или перерегистрацию городской собственности в матрице (форма 1), дата выдачи .... были предъявлены;

Предъявлено:

- Никакого зарегистрированного разрешения на пользование/ лицензии для части дома/городской застройки в г .... выдано не было; заверенный нотариальный акт на дом/часть здания, был выдан городским советом г. .... дата выдачи .... разрешение на ввод в эксплуатацию № .... /техпаспорт на землю выдан от ...., согласно которому собственность была записана в матрице на дату, предшествующую 7му августа 1951 году/свидетельство выдано (кем) .... дата выдачи ...., как доказательство факта постройки здания до указанного выше периода, таким образом, его эксплуатация не подлежала еще муниципальному лицензированию;

- Паспорт на жилье настоящим предоставляется покупателю.

Приложены документы:

- Сводный документ по налоговым обязательствам по Налогу на операции с имуществом № .... общей стоимостью ...., счет датирован .... и оплачен в день выписки;

- Сводный документ ………………………………………………
………………………… № …………………, доказательство
оплаты Гербового сбора по форме 1.1 общей таблицы, общей
стоимостью ……………………………………, счет датирован
……………………… и оплачен в день выписки;

Подтверждение, выданное банком …………...…………… в день,
избранный покупателем для совершения покупки собственности,
о снятии суммы …………………………… со сберегательных
счетов, предназначенных для покупки жилья, которые прежде
были зачислены на счет с соблюдением срока в один год.

Стороны были проинформированы о прекращении действия /
недействительности акта выданного ……………………………
………………(ФИО), менеджером банка ………………………
……………………………(наименование).

Акт об аутентификации был прочитан и разъяснен, вслух и в
присутствии всех заинтересованных сторон.

…………………………   ……………………...…….

ФИО………………….   ФИО…………………

[Подписи сторон соглашения, других заинтересованных лиц и
организации, устанавливающей аутентичность]

CONTRATO DE PROMESSA DE COMPRA E VENDA
(португальский)

ENTRE:

.... (nome), natural de ...., contribuinte fiscal no. ....
e .... natural de ...., contribuinte fiscal no. ....,
casados no regime de comunhão de adquiridos, residentes em
........................, ambos como **Vendedores**;

E

.... (nome), solteiro, maior, natural de ...., contribuinte no
.............., residente na ...., adiante designado por **Comprador**,

É mutuamente acordado e aceite o presente contrato de compra e venda, nos termos e cláusulas seguintes:

Cláusula 1.ª

Os **Vendedores** são proprietários de um conjunto de máquinas destinadas à indústria de restauração, devidamente descritas e identificadas na lista anexa ao presente contrato, dele fazendo parte integrante.

Cláusula 2.ª

Pelo presente contrato, os **Vendedores** vendem ao **Comprador**, que por sua vez lhes compra, livres de quaisquer ónus, encargos ou responsabilidades, as referidas máquinas de restauração.

Cláusula 3.ª

1. O preço da compra e venda é de €. .... (......... de euros), pagos da seguinte forma:

   a) €. .... (........de euros) na data da celebração do presente contrato;

   b) €....... (....de euros), ou seja, a parte restante, deverá ser paga em prestações mensais de €: ....(......de euros), durante os próximos doze meses, ou seja de ..... a .... inclusive.

Cláusula 4.ª

A presente venda é feita com reserva de propriedade para os vendedores até que o preço se encontre integralmente pago, não obstante as referidas máquinas terem sido entregues na presente data ao **Comprador**.

Cláusula 5.ª

As prestações mensais referidas na cláusula 3.ª b) deverão ser entregues até ao quinto dia útil de cada mês na residência dos **Vendedores**.

Cláusula 6.ª

1. As partes desde já acordam que o **Comprador** entrará de imediato em mora se se atrasar no pagamento de qualquer uma das prestações dentro do prazo acima estabelecido, devendo, neste caso, entregar a prestação em falta acrescida de mais 50% até ao vencimento da próxima prestação.

2. Se se encontrarem em falta prestações que excedam 1/8 do preço total, os **Vendedores** deverão estabelecer um limite máximo para o cumprimento das mesmas, acrescidos dos 50%

acima referidos, informando o **Comprador** por carta registada com aviso de recepção desse novo prazo.

3. Se após o vencimento do novo prazo estabelecido o **Comprador** continuar em falta, o presente considera-se automaticamente resolvido.

4. Caso se verifique a situação prevista no número anterior, o **Comprador** deverá devolver, no prazo máximo de 48 horas, todas as máquinas objecto do presente contrato, sendo responsável pela sua entrega na residência dos **Vendedores** em perfeito estado de conservação.

O presente contrato rege-se, em tudo o que for omisso, pela lei portuguesa, nomeadamente por todas as disposições do Código Civil e demais legislação aplicável.

Feito e assinado em Lisboa, em ..... de .... de......, em dois exemplares iguais, entregues a cada uma das Partes.

Os Vendedores

_____

O Comprador

_____

Договор купли-продажи с сохранением
права собственности на имущество

Между:

ФИО ....
физическое лицо, ИНН .... ФИО ......
.... физическое лицо, ИНН ...
.... брак заключен на территории совместного
проживания в ...., оба выступают в
роли "Продавцов";

и

ФИО ...., не женат (не
замужем), физическое лицо ....
ИНН, выданный в стране проживания ....
......................................, в дальнейшем именуемый

"Покупателем",

Стороны согласовали и одобрили текст данного договора купли-
продажи со следующими условиями и положениями:

Пункт 1

Продавцы являются владельцами комплекта машин для
обслуживания сферы общественного питания, досконально
описанного в перечне, приложенном к этому договору.

Пункт 2

Этим соглашением Продавцы продают Покупателю свободно от любых залогов , платежей или обязательств, указанные машины.

Пункт 3

1. Цена покупки и продажи составляет ……………………………… (…………………………………………. евро) и выплачивается следующим образом:

    a) …………………………… (……………………………… евро) в день подписания настоящего договора;

    b) …………………………… (……………………………… евро) остатка выплачивается в виде ежемесячных платежей по: …………………………… (…………………........ евро) в течение следующих двенадцати месяцев, то есть по ………... ……………………………. в том числе ……………………………

Пункт 4

Эта сделка проводится с оговоркой о сохранении права собственности на имущество за Продавцами, пока стоимость не будет полностью оплачена, несмотря на то, что машины были доставлены Покупателю на дату настоящего договора.

Пункт 5

Ежемесячные платежи, упомянутые в п. 3б, должны оплачиваться до пятого рабочего дня каждого месяца по месту жительства Продавцов.

Пункт 6

1. Стороны настоящим соглашаются, что любая задержка или отсрочка платежа Покупателем дольше указанного срока, незамедлительно будет считаться нарушением обязательств, и в этом случае будет насчитываться штраф в размере 50%

от суммы взноса при условии погашения задолженности до начала следующего оплатного периода.

2. Если общая сумма просроченных платежей составит более 1/8 от общей стоимости, Продавцам надлежит установить максимальный срок для восполнения недоплаты, плюс 50% пени, заранее информировав Покупателя заказным письмом с уведомлением об этом условии.

3. Если после истечения нового крайнего срока Покупатель продолжит уклоняться от обязательств, считается, что спор должен быть решен по всем нормам.

4. Если ситуация, рассмотренная в предыдущем параграфе, имеет место, Покупатель должен в течение 48 часов возвратить все машины, являющиеся предметом данного договора, и несет ответственность за их доставку на территорию Продавцов в отличном состоянии.

Данный договор будет полностью регулироваться португальскими законами, в частности, положениями Гражданского Кодекса и иного применимого закона.

Составлен и подписан в Лиссабоне .... (дд.мм.) .... (гг.) в двух идентичных копиях, предоставленных каждой из сторон.

Sellers

_____

The Buyer

_____

CASA SIMPLES CASA SEGURA (ПОРТУГАЛЬСКИЙ)

casasimples
casa**segura**

Perguntas & Respostas

1. O que é a "Casa Simples - Casa Segura"?

A "Casa Segura" consiste num **atendimento personalizado e altamente qualificado**, sem balcões, com boas instalações e adequada tecnologia de ponta, onde é possível realizar todas as operações relativas a contratos, nomeadamente à compra e venda de casa, com ou sem empréstimo, num único local: o cartório notarial.

O seu notário, que é um **jurista, profissional imparcial e com qualificação de excelência, está sempre presente na celebração de contratos, que são redigidos um a um, à medida dos seus interesses; o notário protege todas as partes envolvidas.**

Este procedimento "Casa Segura" foi desenvolvido pela Ordem dos Notários tendo em vista a **prestação de serviços cada vez mais eficientes aos cidadãos e às empresas.**

Consulte o sítio *http://www.notarios.pt*

Na "Casa Segura" é possível:

a)   obter **conselho jurídico** desde o início da contratação (contrato-promessa), **imparcial** e em defesa de todos os intervenientes no negócio,

b)   obter a caderneta predial gratuita,

c)   obter uma certidão predial permanente gratuita,

d) obter uma certidão comercial permanente,
e) obter certidões do registo civil (de óbito, de casamento e de nascimento),
f) obter, em geral, todos os documentos necessários à formalização do contrato,
g) celebrar contratos,
h) realizar imediatamente todos os registos, com um desconto de 20% (via on line),
i) **pagar impostos e cumprir obrigações fiscais,** nomeadamente:

1 - o imposto do selo e o IMT,
    (e, com a sua senha das declarações electrónicas:)
2 - pedir a isenção de pagamento do Imposto Municipal sobre Imóveis (IMI),
3 - pedir a alteração da morada fiscal,
4 - apresentar a declaração Modelo 1 do IMI (inscrição ou a actualização de prédio urbano na matriz),
5 - apresentar a Modelo 1 do imposto de selo (IS) - relação de bens.

2.   Onde funciona a Casa Segura?

Na **rede** de cartórios notariais, a **única com cobertura a nível nacional.**

3.   Posso utilizar a Casa Segura para qualquer imóvel ou sociedade, em qualquer ponto do País?

Sim.

4.   Para que tipo de negócios posso utilizar a Casa Segura?

Para todos (prédios, empresas e automóveis), nomeadamente:

a) Contratos-promessa;
b) Compra e venda, com ou sem empréstimo;
c) Divisões de coisa comum e permutas;

d) Empréstimos bancários e respectivas transferências;
e) Hipotecas;
f) Locações financeiras e respectivas cessões de posição contratual;
g) Testamentos, habilitações e partilhas por óbito e por divórcio;
h) Repúdios e renúncias de herança;
i) Constituições e renúncias ao direito de usufruto;
j) Doações;
k) Justificações;
l) Constituições e alterações de propriedade horizontal;
m) Constituições de direitos reais, como servidões ou direito de superfície;
n) Registo predial on line, com 20% de desconto;
o) Convenções antenupciais;
p) Arrendamentos, trespasses e locações de estabelecimentos comerciais e industriais;
q) Contratos de trabalho;
r) Constituições de sociedades de todos os tipos;
s) Alterações de pacto social, aumentos e reduções de capital;
t) Cessões de quotas e acções;
u) Fusões e cisões de sociedades;
v) Dissoluções e liquidações de sociedades;
w) Constituições de associações e fundações e respectivas alterações.
x) Registo comercial on line, com 50% de desconto;
y) Registo automóvel on line, com 50% de desconto.

5. Para que outro tipo de situações posso utilizar a Casa Segura?

a) **Para me certificar de que o vendedor tem todos os documentos em ordem;** o mediador imobiliário ou o técnico oficial de contas podem indicar-me um notário a quem recorrer antes de pagar qualquer sinal.
b) Para **ver certificados quaisquer factos que o notário presencie, os quais fazem prova plena de certos acontecimentos, até em**

tribunal; um certificado pode fazer a diferença, pode evitar um processo judicial ou torná-lo mais rápido.

Exemplos:

- certificado dos bens que compõem o recheio de uma casa em determinada data,
- o que ficou depois de um assalto,
- o conteúdo de um cofre,
- o estado de uma obra,
- que uma casa tem humidades,
- que mudaram a fechadura da sua porta.

c)   Para **tratar de um caso transfronteiriço.**

Exemplos:

- habilitação de uma pessoa de nacionalidade francesa, com aplicação da lei francesa,
- partilha de bens de um cidadão russo que deixou bens em Portugal e em Espanha,
- alteração dos estatutos de uma sociedade italiana,
- cessão de uma quota de uma sociedade alemã,
- procuração para um belga vender bens localizados Malta.

Os notários de Portugal fazem parte da Rede Notarial Europeia (RNE), composta por um delegado sediado em cada um dos países da UE. Visite o sítio:

http://www.cnue-nouvelles.be/en/reseau-notarial-europeen-en/001/index.html

O delegado da RNE em Portugal é a notária

Professora Doutora Ana Luísa Balmori Padesca
Ordem dos Notários
Travessa da Trindade, 16-2oC
1200-469 Lisboa
Tel : +351-213468176
Fax : +351-213468178
E-mail : internacional@notarios.pt

A referida delgada portuguesa da RNE podem ser consultada por qualquer cidadão, entidade ou empresa sobre a lei portuguesa ou leis europeias; neste último caso, a delegada contacta com o delegado do país europeu em causa e transmite a informação assim obtida a quem a solicitou.

Só o documento feito por notário (autêntico) circula livremente em todos os países da EU.

6. Posso utilizar a Casa Segura para qualquer imóvel, independentemente da sua localização territorial?

Sim. O notário pode celebrar escrituras de quaisquer imóveis ou empresas, aqueles localizados, independentemente da localização do imóvel ou da sede da empresa.

7. Posso utilizar a Casa Segura se pedir um financiamento ao banco para a compra de casa? E se não pedir?

Posso utilizar em ambas as situações.

8. Quanto custa utilizar a Casa Segura? É mais barato que seguir o procedimento "normal"?

O notário é retribuído nos termos de tabela aprovada pelo Ministério da Justiça.

Os honorários do notário são calculados com base no custo efectivo do serviço prestado, tendo em consideração a natureza dos actos e a sua complexidade.

O notário deve proceder com moderação, tendo em vista, designadamente, o tempo gasto, a dificuldade do assunto, a importância do serviço prestado e o contexto sócioeconómico dos interessados.

O acompanhamento da contratação pelo notário permite que o utente escolha o caminho fiscalmente mais favorável, uma redução de custos com os registos predial, comercial e automóvel e poupar no processo de obtenção de documentos.

Nos custos finais, a Casa Segura é a única que lhe permite verdadeiramente poupar quantias avultadas, pelo que é muito mais barata do que a Casa Pronta das conservatórias ou qualquer outro balcão único.

9.   Que vantagens tenho em utilizar a Casa Segura?

a.)   A Casa Segura é um procedimento realizado através de um notário, jurista altamente especializado, que presta conselho jurídico desde o início do processo, nomeadamente em colaboração com a instituição de crédito que intervenha no contrato, e aponta o caminho mais favorável ao utente, naquele caso concreto, nomeadamente em matéria fiscal.

b.)   O notário é um profissional imparcial, que protege todas as partes envolvidas num negócio; só o notário é que faz escrituras: se o seu notário assinou, o seu contrato está garantido.

c.)   Todas as operações se fazem num único local, o cartório, evitando-se deslocações, filas, senhas e esperas; o sistema informático também é seguro e de capacidade adequada aos respectivos fins.

i)   A Casa Segura permite fazer num único momento o contrato e o respectivo registo.

ii) O notário pode liquidar o imposto sobre as transmissões onerosas de imóveis (IMT), o imposto do selo (IS), e, a solicitação do utente e com a respectiva senha das declarações electrónicas, que o notário também pode solicitar, o notário pode ainda pedir a isenção de pagamento do Imposto Municipal sobre Imóveis (IMI), a alteração da morada fiscal, pode apresentar relações de bens (heranças – Modelo 1 do IS) e ainda a declaração Modelo 1 do IMI (inscrição ou a actualização de prédio urbano na matriz).

iii) Nesta última situação, não se torna necessário solicitar as plantas do imóvel à câmara municipal, porque é o notário que o faz e as envia ao serviço de finanças.

d.) É um processo simplificado, com menos formalidades; deixa de ser necessário ir à conservatória, porque o negócio jurídico é celebrado perante o notário, que imediatamente procede à realização do registo. Deixa, ainda, de ser necessário:

i)   Obter junto da conservatória do registo predial uma certidão do prédio antes de celebrar uma escritura pública, porque o notário requisita no início do processo uma certidão predial on line, permanentemente actualizada;

ii) Obter na conservatória do registo comercial, uma certidão de registo comercial- quando o interveniente seja uma pessoa colectiva -, porque o notário tem acesso à base de dados do registo comercial, em tempo real, com o código da respectiva certidão permanente;

iii) Obter na conservatória do registo civil certidões de óbito, casamento ou nascimento, porque o notário trata desse assunto directamente;

iv) Obter na repartição de finanças a caderneta predial, porque o notário tem acesso à base de dados das cadernetas prediais;

v) Obter na câmara municipal uma certidão da licença de habitação, porque o notário trata desse assunto directamente.

e.) O preço é mais barato.

O notário é retribuído nos termos de tabela aprovada pelo Ministério da Justiça.

Os honorários do notário são calculados com base no custo efectivo do serviço prestado, tendo em consideração a natureza dos actos e a sua complexidade.

O notário deve proceder com moderação, tendo em vista, designadamente, o tempo gasto, a dificuldade do assunto, a importância do serviço prestado e o contexto sócioeconómico dos interessados.

O acompanhamento da contratação pelo notário permite que o utente escolha o caminho fiscalmente mais favorável, uma redução de custos com os registos predial, comercial e automóvel e poupar no processo de obtenção de documentos.

Nos custos finais, a Casa Segura é a única que lhe permite verdadeiramente poupar quantias avultadas, pelo que é muito mais barata do que a Casa Pronta das conservatórias ou qualquer outro balcão único.

f) Posso **proceder logo ao cumprimento de obrigações fiscais,** após a aquisição de um imóvel: apresentar o pedido de isenção do IMI, apresentar a declaração Modelo 1 do IMI (inscrição ou a actualização de prédio urbano na matriz), e apresentar o pedido de alteração da morada fiscal.

g) **Posso proceder logo ao cumprimento de obrigações fiscais**, após a habilitação de herdeiros: apresentar a Modelo 1 do imposto de selo (IS) - relação de bens.

10. Posso marcar um dia para ir ao notário celebrar o contrato?

Sim. Pode telefonar ou enviar um email para os contactos que constam em *http://www.notarios.pt/OrdemNotarios/PT/PesquisaNotarios/* ou marcar pessoalmente **junto de um qualquer cartório mais próximo de si. O banco que tratar do financiamento também pode fazer a marcação prévia por via electrónica.**

Também é possível utilizar a **Casa Segura sem realizar qualquer marcação prévia,** mas, mesmo nesse caso, não é imposto um modelo de contrato pré-aprovado.

11. O notário também trata do direito de preferência?

Sim. O vendedor deixa de ter de se relacionar com várias entidades públicas diferentes (por ex. o IGESPAR, I.P., municípios, etc.) para transmitir a informação necessária ao exercício do direito de preferência por várias vias diferentes e formas diferentes. **Basta contactar o notário.**

12. Na Casa Segura estou dispensado de ir ao IGESPAR, I.P. e/ou à câmara para saber se querem exercer o direito de preferência?

Sim. Estes actos passam a ser tratados pelo notário. Depois tem que esperar 10 dias úteis, que é o prazo que as entidades com direito legal de preferência têm para manifestar a intenção de exercer esse direito.

13. Que documentos devo levar para celebrar contratos na Casa Segura?

Os documentos de identificação e os cartões de contribuintes dos vendedores e dos Compradores, os respectivos regimes de bens, se casados, e as moradas. Sempre que o prédio tenha ficha técnica, é preciso levá-la.

Se tiver uma escritura pública de uma transacção anterior do mesmo imóvel onde esteja referida a existência de licença de utilização, ou a sua dispensa, devo levá-la.

Se, no meu caso, forem necessários outros documentos, serei informado disso pelo notário, pessoalmente, por email ou pelo telefone.

14. Preciso de ir à câmara municipal para obter uma certidão da licença de habitação e levá-la para a compra e venda na Casa Segura?

Não. O notário trata disso por si.

15. Tenho de pagar o IMT nas finanças antes de fazer a compra e venda através da Casa Segura?

Não. Pode ser feito no cartório.

16. Tenho de pagar antes nas finanças o imposto de selo para poder utilizar a Casa Segura?

Não. Pode ser feito no cartório.

17. Quando se celebra o contrato na Casa Segura quanto tempo demora a realização dos registos?

É imediata. Assinado o contrato, não tenho que me deslocar novamente à conservatoria para pedir os registos. **O notário requisita-os on line, com 20% de desconto.**

18. Se quiser mudar a minha morada fiscal para a nova casa que acabei de comprar na Casa Segura tenho de ir às finanças?

Não. Posso fazê-lo na Casa Segura.

19. Se quiser pedir dispensa de pagamento de IMI depois de comprar uma casa na Casa Segura tenho de ir às finanças?

Não. Posso fazê-lo no cartório.

20. Depois de comprar uma casa na Casa Segura tenho de ir à câmara recolher as plantas (telas finais) da casa para as entregar nas finanças?

Não. O notário assegura a recolha dessas plantas e o seu envio para as finanças. O interessado deixa em qualquer caso de ser onerado com essa obrigação.

21. Depois de comprar uma casa na Casa Segura tenho de ir às finanças pedir uma caderneta actualizada em meu nome?

Não. Logo que disponível na base de dados, o notário recolhe-a e envia-a gratuitamente por correio ou para o seu email.

22. Só a Casa Segura me dá segurança?

Sim. Nos sistemas que recorrem à contratação sem recurso a notário **um quarto das transacções resultam de falsas declarações, de hipotecas falsas e de bens inexistentes (de acordo com as estatísticas do FBI, de Janeiro de 2009).**

É este o sistema que o actual executivo quer adoptar em Portugal. Será que o quer para si?

SÓ SE O SEU NOTÁRIO ASSINOU É QUE O SEU DIREITO ESTÁ GARANTIDO.

The image shows a white square centered on a black background.

Casa Simples Casa Segura – Простой дом, безопасный дом

Вопросы и ответы

1. Что такое "Casa Simples - Casa Segura"?

"Casa Segura" являет собой высококачественный и персонализированный сервис с соответствующими средствами, новейшими технологиями и отсутствием ограничений, где это возможно, чтобы выполнять все договорные операции, а именно покупку и продажа домов с или без кредита в одном месте: нотариальной конторе.

Нотариус, профессиональный и беспристрастной юрист превосходной квалификации, будет присутствовать на подписании договора, составленного с учетом всех ваших интересов: нотариус защищает все заинтересованные стороны.

Процедура "Casa Segura" была разработана Civil Law Notary (гражданской нотариальной организацией), с целью улучшения обслуживания граждан и компаний.

Подробнее можно узнать на сайте: *http://www.notarios.pt*

С "Casa Segura" вы имеете возможность:

а) получить беспристрастную юридическую консультацию с начала договорных отношений (устной договоренности), защищая все стороны, вовлеченные в дело;

b) бесплатно получить правовое описание, получить совершенно бесплатно долгосрочное свидетельство про регистрацию недвижимости, получить долгосрочный торговый патент, свидетельство о регистрации гражданских актов (смерть, брак и рождение), получить, в общем-то, все необходимые документы для подписания и утверждения договора, выполнить сразу все регистрации, с 20% скидкой (онлайн) оплатить налоги и выполнить налоговые обязательства, а именно:

- гербовый сбор и налог на имущество,
  (с электронным паролем к заявлениям)
- запрос об освобождении от оплаты налога на имущество,
- заявление об изменении налогового адреса,
- подать декларацию формы 1 "Налог на имущество" (подписка или обновление информации о городской застройке в матрице)
- подать форму 1 "Гербовый сбор" - товары

2. Где найти офис "Casa Segura"?

Услуги предоставляются в любой гражданско-правовой нотариальной конторе, но только в зоне национального покрытия.

3. Могу ли я пользоваться услугами "Casa Segura" в любом из их офисов или представительств в любом месте в стране?

Да.

4. Для каких операций можно использовать услуги "Casa Segura"

Для всех (здания, фирмы, транспорт), а именно:

а) Устные договоренности;

б) Купля-продажа, с использованием кредитных средств или без них;

в) Раздел и обмен общего имущества;

г) Банковские кредиты и переводы;

д) Ипотека;

е) Финансовый лизинг и соответствующие присвоения их договорного расположения;

ж) Завещания, уточнения и раздел имущества в связи со смертью или разводом;

з) Отказ от наследства;

и) Указы и отказные в пользу других владельцев;

к) Пожертвования;

л) Поручительство;

м) Уложение и изменение горизонтальной собственности;

н) Уложение вещных прав, как сервитутов;

о) Регистрация в Земельном бюро онлайн с 20% скидкой;

п) Брачный договор;

р) Договор съема, выкупа бизнеса (гудвилл), аренда коммерческих и промышленных учреждений;

с) Трудовой договор;

т) Общественные уложения всех видов;

у) Изменение социального договора, увеличение и уменьшение капитала;

ф) Уступка квот и запасов;

х) Слияния и раздел корпораций;

ц) Расформирование и ликвидация предприятий;

ч) Уставы объединений и фондов, и внесение поправок;

ш) Регистрация торговой организации онлайн с 50% скидкой;

ю) Регистрация автомобилей онлайн с 50% скидкой.

5. Для какого типа ситуаций я могу прибегать к услугам "Casa Segura"?

а) Чтобы убедиться, что у продавца все документы в порядке; агент по недвижимости или официальный аудитор может указать нотариусу, что стоит проверить, чтобы обеспечить порядок, прежде чем вы заплатите по договору.

б) Для просмотра записей любых фактов, которые нотариус засвидетельствовал и которые являются доказательствами определенных событий, пока дело не достигло суда; подобное свидетельство может значительно повлиять на результат – помочь избежать судебного иска или ускорить завершение дела.

Примеры:

Сертификаты на товары, которые составляют жилищное имущество в определенной части, что осталось после ограбления, содержание сейфа, режим работы, уровень влажности помещений, что сарай был перестроен.

в) Для урегулирования ситуаций на границе.

Примеры:

Диплом гражданина Франции с приложением Французских законов; доля товаров гражданина России, который оставил товары в Португалии и Испании, изменение устава итальянской компании, уступка по квоте немецкой компании, прокси для Бельгийца, дающее право продавать товары, расположенные на Мальте.

Нотариусы Португалии являются членами Нотариального Конгресса Евросоюза, направляющего делегатов в каждую из стран ЕС. Посетите веб-сайт: *HTTP://WWW.cnue-nouvelles.be/en/reseau-notarial-europeen-en/001/index.html*

Делегат Конгресса в Португалии, нотариус:

Доктор Профессор Ана Луиза Бальмори Падеска
Нотариус гражданского права
Travessa da Trindade, 16-2oC
1200-469 Lisbon
Тел: + 351-213468176
Факс: + 351-213468178
Электронный адрес: internacional@notarios.pt

Упомянутый португальский делегат Нотариата ЕС может ответить на запрос каждого гражданина, юридического лица или компании, в соответствии с португальскими или европейскими законами; в последнем случае делегат связывается с представительством Конгресса в соответствующей европейской стране и передает полученные данные о человеке, который произвел запрос.

Заверенный делегатом документ будет свободно циркулировать во всех странах ЕС.

6. Могу ли я использовать услуги "Casa Segura" применительно к вопросам предприятий, независимо от его местоположения?

Да. Нотариус может заверить документы любой компании или предприятия, независимо от местоположения главного офиса компании.

7. Могу ли я использовать услуги "Casa Segura", если я собираюсь брать в банке кредит для покупки дома? А если нет?

Это возможно в обоих случаях.

8. Сколько стоят услуги "Casa Segura"? Это дешевле, чем оформление в стандартном режиме?

Нотариус получает вознаграждение в соответствии с таблицей ставок и услуг, утвержденной Министерством юстиции.

Вознаграждение нотариуса рассчитывается исходя из стоимости предоставленной услуги, учитывая характер действий и их сложности.

Нотариус должен всегда подходить к ценообразованию обдуманно, имея в виду время, затраченное на клиента, сложность поставленной задачи, важность работы и социально-экономическое положение владельцев недвижимости.

Осуществление найма имущества с помощью нотариусов позволяет нанимателю выбрать более благоприятный финансовый путь, уменьшить затратность участка, транспорта и регистраций, таким образом, экономя личные ресурсы в процессе получения документов.

В конечном итоге система "Casa Segura" является единственным способом, который позволяет сохранить определенное количество денег, их услуги обойдутся дешевле, чем в CASA PRONTA или другом регистрационном офисе.

9. Какие преимущества дает использование сервиса "Casa Segura"?

"Casa Segura" является реализацией разнообразных процедур с помощью нотариуса – высококвалифицированного и узкоспециализированного юриста, который предоставляет правовые наставления с момента начала процесса, также в сотрудничестве с кредитной организацией, вносит коррективы в договор, и указывает самый простой способ для пользователя в каждом конкретном случае, так же касаемо финансового вопроса.

Нотариус – беспристрастный профессионал, который защищает все стороны своим участием в процессе подписания договора; только нотариус придает тексту статус заверенного, аутентичного, если нотариус подписал ваш договор – сделка гарантирована.

Все операции производятся в едином регистрационном центре, таким образом, позволяя вам избежать беготни по учреждениям и кабинетам, очередей, паролей и ожиданий; информационная система безопасна и имеет достаточную мощность для соответствующих целей.

Все операции производятся в едином регистрационном центре, таким образом, позволяя вам избежать беготни по учреждениям и кабинетам, очередей, паролей и ожиданий; информационная система безопасна и имеет достаточную мощность для соответствующих целей.

В "Casa Segura" весь процесс сделки реализуется одномоментно, - заверка договора и все соответствующие регистрации.

Нотариус может ликвидировать налог на недвижимость, гербовый сбор, и вымогательства владельца с соответствующей электронной подписью, что так же входит в компетенцию нотариуса; он может даже подать запрос на установление льготы или полное снятие коммунальных налогов на недвижимость, внести изменения в налоговый адрес, предоставлять прочие услуги (вопросы наследования – Форма 1 гербового сбора), и даже составить декларацию Формы 1 Муниципальный налог на недвижимость (запись или обновление матрицы градостроительства).

В довершение всего вышесказанного, вам даже не придется иметь дело с городским советом в вопросах оформления недвижимости, потому что нотариус – единственный, кто делает это и после отправит данные в службу финансов.

Это простой процесс, с минимальными формальностями; не нужно идти к регистратору, поскольку легальные сделки заключаются в присутствии нотариуса, который непосредственно предшествует регистрации.

Вам уже не нужно:

Лично получать в Земельном бюро свидетельство о внесения официальной записи о здании в общественный реестр, потому что нотариус сам запрашивает в начале процесса оформления сделки обновленный электронный сертификат;

Получать в Торговом реестре патент, так как нотариус, имеет доступ в базу данных действующего Торгового реестра в реальном времени с соответствующим кодом.

Получать в реестре гражданских актов свидетельства о смерти, браке или рождении, потому что нотариус получает эти данные напрямую.

Получать в Налоговом департаменте доходов домовую книгу, так как нотариус имеет доступ к базе данных домовых книг;

Получать в горсовете свидетельство о лицензии жилого помещения в силу того, что нотариус сам позаботится об этом вопросе напрямую.

Стоимость услуг дешевле.

Нотариус получает вознаграждение в соответствии с таблицей ставок и услуг, утвержденной Министерством Юстиции.

Вознаграждение нотариуса рассчитывается исходя из стоимости предоставленной услуги, учитывая характер действий и их сложности.

Нотариус должен всегда подходить к ценообразованию обдуманно, имея в виду время, затраченное на клиента, сложность поставленной задачи, важность работы и социально-экономическое положение владельцев недвижимости.

Осуществление найма имущества с помощью нотариусов позволяет владельцу выбрать более благоприятный финансовый путь, уменьшить затратность участка, транспорта и регистраций, таким образом, экономя личные ресурсы в процессе получения документов.

В конечной стоимости система "Безопасный дом" является единственным способом, который позволяет сохранить определенное количество денег, дешевле, чем в CASA PRONTA, зарегистрировав жилье.

Я могу продолжить сразу с выполнением налоговых обязательств после приобретения недвижимости: подать заявление на освобождение от муниципального налога на недвижимость, подать декларацию Формы 1 Муниципальный Налог на собственность (подписка или обновление матрицы городской застройки) и запросить изменение налогового адреса.

Я могу продолжить сразу с выполнением налоговых обязательств после признания наследников: подать Форму 1 Гербовый Сбор – товары.

10. Могу ли я записаться на прием в любой день, чтобы пойти к нотариусу для подписания договора?

Да. Вы можете позвонить или отправить письмо на электронный адрес для договоров, которые указаны на сайте *http://www.notarios.pt/OrdemNotarios/PT/PesquisaNotarios/*, или нанести личный визит в ближайшее Регистрационное бюро. Банк, который будет выдавать кредит, также можете записать вас на прием в онлайн режиме. Кроме того, можно использовать услугу "Casa Segura" без предварительной записи, но в этом случае процесс будет проходить без заранее утвержденного текста договора.

11. Нотариус также заботится о правах первого отказа?

Да. Продавцу для реализации права первого отказа надлежит связаться с различными государственными структурами (Муниципалитеты, IGESPAR и т.д.), чтобы передать необходимую информацию, обойдя много офисов, подавая формы и запросы. Просто поручите это нотариусу.

12. С "Casa Segura" я освобождена от походов в IGESPAR (Институт управления архитектурного и археологического наследия), Регистрационное бюро и/или городской совет, чтобы знать, какие документы требуются для осуществления права первого отказа?

Да. Эти действия могут быть выполнены нотариусом. Тогда у вас будет 10 дней, чтобы задекларировать свое законное право преимущества.

13. Какие документы я должен предоставить в "Casa Segura" для заключения договора?

Удостоверение личности, свидетельства налогоплательщика продавцов и покупателей, планы застроек (перечень товаров), свидетельство о браке, если необходимо, и адреса прописок. Если здание имеет технический паспорт, вы должны принести и его.

Если у вас есть дело с предыдущей сделки одного и того же имущества, где упоминается наличие лицензии, или ипотечные погашения, вы должны все предоставить. Если для вашего случая требуются другие документы, вы будет проинформированы об этом нотариусом лично, по телефону или электронной почте.

14. Нужно ли мне идти в городской совет для получения лицензии на жилье и предъявлять при покупке и продаже в "Casa Segura"?

Нет. Нотариус позаботится об этом за вас.

15. Должен ли я оплачивать коммунальные налоги на недвижимость в отделе финансов перед покупкой и продажей с помощью "Casa Segura"?

Нет, это не может быть сделано в офисе.

16. Должен ли я платить гербовый сбор, прежде чем отправиться в "Casa Segura"?

Нет, это может быть сделано в Регистрационном бюро.

17. Когда договор заключается в "Casa Segura", сколько времени занимают все необходимые регистрации?

Все происходит мгновенно. После подписания договора, вам не нужно возвращаться снова к регистраторам. Нотариус делает подобные запросы онлайн с 20% скидкой.

18. Если я хочу изменить мой налоговый адрес в соответствии с новым местом жительства, которое совсем недавно оформил через "Casa Segura", я должен идти в отдел финансовых регистраций?

Нет, вы можете сделать это в "Casa Segura".

19. Если я хочу дать запрос об освобождении от уплаты муниципального налога на недвижимость после покупки дома в "Casa Segura", для этого нужно обратиться в отдел финансовых регистраций?

Нет, вы можете сделать это в "Casa Segura".

20. После покупки дома через "Casa Segura" я должен идти в городской совет, чтобы получить план дома и доставить его в отдел финансов?

Нет. Нотариус сам заботиться о том, чтобы забрать план и отправить его в отдел финансов. Заинтересованная сторона не должна задумываться о подобных вопросах.

21. После покупки дома с "Casa Segura" должен ли я идти в отдел финансов за обновленным буклетом на мое имя?

Нет. Как только он доступен в базе данных, нотариус заказывает его и бесплатно посылает вам по почте или на электронный адрес.

22. Только "Casa Segura" обеспечивает безопасность сделок?

Да. Если стороны прибегают к заключению сделок без нотариуса, то в четверти случаев это заканчивается выдачей неправильных или недействительных деклараций, фальшивых ипотек и операциями с несуществующими товарами (согласно статистике ФБР, январь 2009 г.)

23. Это система исполнителей, которую хотят официально принять в Португалии. Вы хотите его для себя тоже?

ЕСЛИ ВАШ НОТАРИУС ПОДПИСАЛ ДОГОВОР, ТО ВАШИ ПРАВА ГАРАНТИРУЮТСЯ.

ШАГ 7

ЮРИДИЧЕСКОЕ СОПРОВОЖДЕНИЕ

Когда вы решили, что готовы сделать предложение на имущество, до его реализации вам стоит позаботиться о том, чтобы найти адвоката (Advogado (м.)/ Advogada (ж.) на португальском)

Если вы не в полной мере осведомлены о процессах, не говорите на португальском, или вас никому представлять в Португалии, лучше использовать адвокатские услуги. В Австралии, Америке и Великобритании, это аналогично пользованию услугами поверенного, юриста или барристера.

Адвокат в Португалии (далее Адвокат) юридически отвечает за все советы, которые он дает вам, связанные с приобретением собственности, и все свои действия, относящиеся к покупке вами собственности.

Стоимость услуг Адвоката регулируются "Ordem dos Advogados" – Орденом Адвокатов (Поверенных) и вы можете действовать дальше через них, если это необходимо.

Ваш Адвокат будет наставлять вас, и помогать в согласовании с условиями договора при покупке недвижимости, он может структурировать договор в пользу покупателя. Вы можете заключить договор на условиях одноразовой оплаты или нескольких платежей, с помощью кредита или без участия банка.

Например, на момент приобретения собственности в Фигейра-да-Фош у меня не было полной суммы, запрашиваемой владельцем. Мой Адвокат смог структурировать договор таким образом, чтобы я выплачивала общую стоимость тремя отдельными платежами; первые два платежа суммами по 20000,00 евро каждый, и третий платеж на сумму 25000,00 евро, все три необходимо было выплатить в течение шести месяцев.

Однако я смогла собрать деньги намного быстрее, чем ожидалось, и погасить обязательство по договору за три месяца вместо шести.

Я не брала банковский кредит вообще при приобретении собственности, а также, просто для вашего сведения, ни один банк в Австралии (из тех, что я смогла изучить в то время), не выдал бы мне деньги для покупки недвижимости за границей.

Возвращаясь к моему договору, так как мне пришлось вернуться домой в Австралию для работы задолго до окончания договорного процесса, я подписала доверенность для моего Адвоката, давая ему право действовать от моего имени, а он, в свою очередь, фактически заключил сделку вместо меня, как только владелец согласился на предложенные мной уточнения в договоре.

Учитывая, что владелица дома в то время жила в Люксембурге, для завершения подписания договора ей также нужно было выписать на кого-то доверенность, кто действовал бы от ее имени в Португалии; в этом случае выбор пал на директора агентства недвижимости, посредством которого я покупала дом.

Веб-сайт справочника адресов всех Адвокатов в Португалии:

ttps://www.oa.pt/CD/Servicos/PesqAdvogados/pesquisa_adv. aspx?sidc=31634&idc=5&idsc=31897

ШАГ 8

ФИСКАЛЬНЫЙ НОМЕР

Идентификационный номер

налогоплательщика

Большинство португальцев уже имеют зарегистрированный ИНН; иностранцы или нерезиденты должны его получить.

Фискальный номер (также известный как Numero Fiscal de Contribuinte) выдается органом налоговой службы. Для меня было проще подать документы на его получение в местном офисе в районе, где я купила свою собственность.

Работники офиса Фигейра-да-Фош были очень любезны и с радостью помогли мне в этом процессе; также помогли советы и наставления моего Адвоката, и в то время это не стоило мне ни евро.

Ваш фискальный номер используется при составлении любых документов, связанных с приобретением имущества и уплаты сборов в местный бюджет (Câmara на португальском языке).

Если вы покупаете недвижимость с партнерами (два или более), либо с супругом, каждый человек, участвующий в сделке, должен получить индивидуальный фискальный номер иначе налоговый орган не будет принимать налог на операции с недвижимостью, коммунальные налоги и пошлину на имущество.

Фискальный номер невозможно получить онлайн; вы должны лично прийти в офис, чтобы сделать это, так как работники должны физически проверить вашу личность. Тем не менее, это может быть сделано с помощью юридического представителя, такого, как Адвокат, который, в свою очередь, несет ответственность за информацию, выданную Министерством финансов.

Документом, необходимым для получения фискального номера, может быть любое удостоверение личности с фотографией, например, водительские права, паспорт или национальное удостоверение личности.

После того как вы предъявили документ, вам будет выдана распечатка с вашим фискальным номером. Затем вы можете зарегистрироваться на сайте:

https://www.portaldasfinancas.gov.pt/pt/home.action

Через пару дней вы получите пароль и сможете проверять свои налоги в Интернете. Карта с фискальным номером должна быть выслана вам по почте в течение 7-14 дней. Вы можете использовать адрес вашего Адвоката, если еще не имеете резиденции в Португалии.

В поисках любой другой информации, которая вас может заинтересовать, вы можете посетить веб-сайт Министерства Финансов, который объясняет Португальскую налоговую систему на английском языке:

http://info.portaldasfinancas.gov.pt/pt/docs/Conteudos_1pagina/ NEWS_Portuguese_Tax_System.htm

В Португалии, иностранцам часто советуют найти финансового представителя для получения фискального номера, и за эту услугу нужно уплатить примерно 250,00 евро. Все это не так; нет никакой пошлины или сбора, применяемого при выдаче ИНН Португалии.

Ваш Адвокат или агент по недвижимости может помочь вам в этом. Вам нужно будет лишь предоставить налоговый номер страны проживания, если вы иностранец **(документально из вашей страны проживания, например, вашу налоговую декларацию за последние три года и платежные ведомости за последние три месяца, где прописан налоговый номер).**

Numero de Identificacao Fiscal – Pessoa Singular – Ficha de Inscricao

Заявка на получение идентификационного налогового номера, на одну особу Регистрационная форма – (перевод на русский с соответствующими номерами)

1. ФИО
2. Проживает в
3. Номер дома
   1. Улица
   2. Номер
   3. Этаж
   4. Район
   5. Графство
   6. Округ
   7. Почтовый индекс
   8. Родители
   9. Регион / Область
   10. Телефон
   11. E-mail
4. Место рождения
   1. Графство
   2. Округ
   3. Родители
5. Национальность
   1. Португалец
   2. Другое
6. Дата рождения
7. Пол
   1. Женский
   2. Мужской
8. Удостоверение личности
   1. Карта идентификации
   2. Свидетельство о рождения
   3. Паспорт
   4. Другое
9. Удостоверение личности представителя
   1. Фискальный номер
   2. ФИО
   3. Подпись представителя
10. Представитель Министерства Финансо реквизиты и подписи

Форму обязаны заполнить как заявитель, так и его представитель; и вы обязуетесь заполнить верно и правдиво, и обе стороны должны подписать декларацию.

Instrucoes Para o Preenchimento (португальский)

O preenchimento da presente ficha destina-se à inscriçäo, para atribuiçâo do número de identificaçâo fiscal de pessoa singular, a que se encontrarn obrigadas nomeadamente todas as pessoas singulares com rendimentos sujeitos a imposto. ainda que dele isentos.

* Preencher esta ficha de acordo com os dados constantes do DOCUMENTO DE IDENTIFICAÇÄO (BILHETE DE IDENTIDADE, CÉDULA PESSOAL, PASSAPORTE OU OUTRO) E USANDO LETRAS MAIÚSCULAS (A, B, C, ... Z).

* Para os residentes todos os campos, excepto 3.9, 3.10, 3.11 e quadro 9, são de preenchimento obrigatório.

* Pode ser entregue em qualquer Serviço de Finanças ou Serviço de Apoio ao Contribuinte.

QUADRO 3   - Como domicilio fiscal entende-se o local da residência habitual (n° 1 do art° 19° da L.G.T). Tratando-se de não residente deve ser indicada a morada no país da residência. considerando-se, todavia domiciliado na residéncia do representante.

                   No campo 3.9 deve ser ainda mencionada a região ou território, se constar da lista aprovada pela Portaria no. 1272/2001, de 9 de Novembro.

QUADRO 4   - Se nasceu no estrangeiro. indique somente o país. Se nasceu em Portugal preencha apenas o concelho e freguesia.

QUADRO 9   - Este quadro destina-se a designar, nos termos do art.° 130° do CIRS, urna pessoa singular ou colectiva com residência em Portugal para o representar perante a Direcção-Geral dos Impostos.

NOTE BEM - O DUPLICADO desta ficha fica em poder do contribuinte que o utilizará como prova da sua entrega.

*   A gestão do processamento de dados compete à Direcção de Serviços de Cadastro da DGCI - Apartado 8143- 1802 -001 LISBOA

*   Todos os dados destinam-se a recolha informática, com excepção dos averbados no quadro 8 (Documento de Identificação)

Инструкция по заполнению заявки на получение Идентификационного налогового номера

Идентификационный налоговый номер (ИНН) является идентификационным номером налогоплательщика физических лиц жителей Португалии, назначенные Генеральным директором Министерства налогов и взносов.

Это документ, который идентифицирует гражданина как налогоплательщика для налоговой администрации.

Граждане могут приобрести форму заявки на пластиковую карту номером через Портал финансов или в офисах отделений DGCI (Direcção Geral dos Impostos – Генеральное налоговое управление).

Заявление является бесплатным и ИНН будет назначен сразу при предъявлении удостоверения личности.

Любому португальскому гражданину, члену сообщества или иностранному гражданину может потребоваться португальский ИНН, если они проживают или работают в Португалии.

Если вы нерезидент, вам необходимо назначить налогового представителя. Вам нужно запросить этот документ в DGCI, взяв с собой действительное удостоверение личности (паспорт или документ гражданской идентификации) и заполнить соответствующие формы.

ИНН может также потребовать представитель налогового управления, предъявив доверенность, выданную для этой цели, и документ, подтверждающий личность, должным образом заверенные представленной стороной.

После того, как документы были представлены, и идентификация прошла успешно, вы получите ИНН и карту с фискальным номером Португалии, что немного позднее будет отправлена вам вместе с подтверждением регистрации на адрес вашей резиденции, указанный вами или адрес человека, которому вы дали доверенность на получение для вас ИНН.

ШАГ 9

ДОВЕРЕННОСТЬ

Юридическая ответственность, что принимает на себя Адвокат, для исполнения ваших планов в покупке собственности

Если вы португалец и работаете или путешествуете за границей более трех месяцев, пожалуйста, позаботьтесь о выдаче доверенности на операции с имуществом вашему Адвокату или человеку, которому доверяете, чтобы быть спокойным, что все юридические обязательства будут выполнены в то время, пока вы находитесь за рубежом.

Если вы иностранец, не проживающий в Португалии, вам также стоит позаботиться о том, чтобы выдать Адвокату доверенность для операций с вашей собственностью.

В основном это означает, что он/она будет гарантом выполнения всех ваших юридических обязательств в отношении вашей собственности. Например, ваш Адвокат свяжется с вами в случае необходимости произвести оплату сборов в Câmara (местный бюджет), или коммунальных счетов за воду и электричество и прочие, и попросит выслать для этих целей деньги.

Ваше Адвокат присмотрит за исполнением всех обязательств касательно вашей собственности, и будет информировать вас о них и всех прочих операциях, которые выполнял по доверенности.

Убедитесь, что вы верно очертили обязанности, выполнения которых ожидаете от вашего Адвоката. Не стоит наделять его абсолютно всеми полномочиями (например, продать ваше имущество, если вы не собираетесь продавать его), только власть действовать от вашего имени в отношении расходов на содержание недвижимости (например, оплату коммунальных услуг и страхования).

То же самое относится к ситуации, если доверенность выписана на друга или члена семьи, действующего от вашего имени в ваше отсутствие.

Альтернативой этому является создание прямой дебетовой системы в вашем банке, и оплачивать все финансовые обязательства, связанные с имуществом автоматически; таким образом, вы не должны полагаться на кого-либо, кроме, возможно, ситуаций, когда нужно чтобы кто-то пошел и проверил, в порядке ли ваше имущество, пока вы находитесь за границей.

ШАГ 10

НОТАРИУС

Третья сторона, вовлеченная в договорные отношения, и связывающая продавца и покупателя условиями договора

Когда продавец и покупатель соглашаются с условиями договора купли-продажи, то нотариус, как третья сторона, так же ставит подпись, связывая первые две стороны соглашения.

Стоимость нотариального заверки договора составляет примерно 30,00 евро.

Регистрация договора стоит примерно 289,00 евро.

Список некоторых документов, необходимых для покупки или продажи недвижимости в Португалии:

1. Удостоверение личности продавца и покупателя (для физических лиц)
2. Торговый патент, удостоверение личности представителя, устав организации (договор о создании компании)
3. Фискальный номер (ИНН, стр. 113)
4. Доверенность и удостоверение личности поверенного в случае пользования его услугами (поверенный является лицом, исполняющим обязанности или агентом, который уполномочен вести дела от имени другого человека)
5. Действительное свидетельство на землю или выдержка о содержании статьи.
6. Сертификат описания содержимого и актуальные регистрации (или код доступа)
7. Лицензия на пользование (в случае проведения операции с городской собственностью), или справку о том, что вы освобождены от предъявления, потому что здание было построено ранее 7 августа 1951г.
8. Квитанции об оплате гербового сбора и муниципального налога на операции с имуществом (IMT)
9. Техническое описание имущества (для зданий, построенных после 2004г.)
10. Сертификат энергопотребления (будет предоставлена вам агентом по недвижимости или продавцом имущества)

(1) Вся информация является правдивой и достоверной на момент написания этой книги.

ШАГ 11

ЗАЛОГ И ИПОТЕКА ИМУЩЕСТВА

Ваш Адвокат проверит недвижимость на предмет любых залогов или закладных (первичной и вторичной ипотеки имущества), чтобы убедиться в отсутствии правовых ограничений на нее.

Кроме того, вы можете сделать это самостоятельно через департаменты, указанные в разделе о государственных аукционах, Шаг 4 (стр. 15).

Например, моя собственность в Фигейра-да-Фош была обременена одним залогом, первичным и вторичным ипотечным кредитом на имущество; процентные ставки по невыплаченным долгам, которые владелица заимела, полностью нивелировали какую-либо прибыль, которую она могла бы получить от продажи дома.

Как только мой Адвокат выплатил ипотеку и залог (по-видимому, владелица задолжала агентству недвижимости 5000,00 евро или около того), хозяйка смогла выручить в конечном итоге всего лишь те же 5000,00 евро.

Это было довольно грустно в любом случае; большую часть денег от продажи недвижимости пришлось выплатить на покрытие процентов и просроченных платежей, так как владелица значительно задолжала по кредиту.

Мой Адвокат позаботился о том, чтобы все деньги от продажи собственности сразу пошли на покрытие ипотеки и залога, прежде чем передать остаток агенту по недвижимости и бывшему владельцу.

Он также убедился, что никаких других кредитов на собственность не брали, пока она не была переписана на мое имя, а я зарегистрирована в качестве законного владельца.

ШАГ 12

ОБМЕН ИНОСТРАННОЙ ВАЛЮТЫ

*Как отправить деньги
за границу.*

Перевод любой суммы денег за рубеж может оказаться довольно сложным процессом для большинства людей. Когда я купила собственность в Португалии, то совершила международный перевод через свой австралийский банк, думая, что это был лучший способ. Намного позже я узнала, что это не так.

Переводя средства своим банком, я потеряла тысячи долларов в сумме, равной ставке конвертации AUD (австралийского доллара) в евро.

С тех пор я исследовала ряд способов, как можно получить лучший результат при преобразовании австралийского доллара в евро.

Самым оптимальным оказался способ, предоставляемый компанией Foreign Currency Exchange (лидирующая брокерская компания и международный платёжный провайдер). Мне стоило 20,00 австралийских долларов комиссии своему банку, чтобы отправить деньги в австралийских долларах в FC Exchange, чтобы они, в свою очередь, конвертировали их в евро.

FC Exchange преобразовал мою валюту по гораздо более выгодному валютному курсу, чем это сделал бы мой банк. В то время, я сэкономила как минимум 500,00 австралийских долларов с помощью FC Exchange, чем не могла похвастаться, совершив платеж посредством австралийского банка.

Первый раз, когда я использовала систему перевода денег FC Exchange, то очень волновалась, что они могут украсть мои деньги, и я никогда не увижу их снова. Теперь я смеюсь про себя каждый раз, когда пересылаю деньги.

FC Exchange берет с клиента 15,00 австралийских долларов за конвертацию средств и отправляет их на назначенный вами счет в банке. Перевести деньги через FC Exchange обычно занимает от 3 до 5 дней: сначала деньги попадают на счет в главном банке (Великобритания), затем происходит перевод на нужный конечный счет. Обычно, как только FC Exchange получает мои деньги, они перенаправляют их в тот же день.

За последние полтора года я перевела почти 100000,00 австралийских долларов в Португалию, и никогда не сталкивалась с затруднениями, используя систему переводов FC Exchange.

Информация о компании Foreign Currency Exchange:

Адрес: FC Exchange | 10th Floor | 88 Wood Street | London | EC2V 7RS

Контактные телефоны:

Тел: +44 (0)20 7989 0000
Факс: +44 (0)20 7989 9999

Веб-сайт: *www.fcexchange.co.uk*

FC Exchange – торговая марка Foreign Currency Exchange Limited.

Foreign Currency Exchange Limited – организация с ограниченной ответственностью, зарегистрированная в Англии и Уэльсе.

Юридический адрес: 88 Wood Street, 10th Floor, London, EC2V 7RS.

Регистрационный номер: 5452483.

Foreign Currency Exchange Limited уполномочена Управлением по финансовому регулированию и надзору Великобритании (Financial Services Authority) лиц. № 511266, в соответствии с "Законом о платежных услугах" (Payment Service Regulations 2009) для предоставления платежных услуг.

H M Customs & Excise MLR No. 12215508.

Пожалуйста, обратите внимание на то, что Foreign Currency Exchange Limited может контролировать данные трафика электронной почты, а также содержание электронной почты для целей безопасности и контроля персонала.

Что вам будет нужно направить в FC Exchange для регистрации в качестве клиента:

- Платежные ведомости - Копии последних 10 платежных ведомостей

- Выписки - За последние 3 месяца
- Паспорт - Копия
- *Водительские права - Копия*

После того, как "FC Exchange" получили всю эту информацию, вам будет отправлено письмо по электронной почте, которое выглядит примерно так:

* * *

Дорогой/ая мисс/миссис/мистер _____,

Мы рады подтвердить, что Ваш расчетный счет в Foreign Currency Exchange был открыт. Для того чтобы активировать Ваш счет, правила легализации активов требуют предоставление документа, подтверждающего личность с фотографией (например, копия страницы паспорта с фото или водительских прав) и доказательство физического адреса (например, счет за коммунальные услуги, исключая интернет счета, или выписка из банка с датой выдачи не более трех месяцев назад).

Пожалуйста, распечатайте или отсканируйте документацию и отправьте на электронный адрес *info@ fcexchange.co.uk*

Нам очень приятно приветствовать вас в качестве клиента, подтверждая Ваши реквизиты счета:

Код клиента:

Ваш FCE Брокер:

Foreign Currency Exchange стремится предоставлять клиентам конкурентоспособные цены и команду преданных делу брокеров, готовых уделить Вам все свое время и понять Ваши валютные требования.

Теперь Вы имеете право приобрести валюту. Просим запомнить, что Ваш брокер не может обеспечить скорость обмена без Вашего поручения. После получения такового, договор, подтверждающий торговое соглашение, будет выслан Вам сразу же посредством электронной почты, факса или обычной почтой. Важно помнить, что валюта приобретена в условиях реального рынка; соглашения не могут быть изменены или отменены, и будут регулироваться в соответствии с условиями договора.

Вам будет необходимо урегулировать сделки путем перечисления денежных средств на Ваш клиентский счет в Foreign Currency Exchange, реквизиты которого Вы можете найти в тексте договора. Вы можете также переводить средства задолго перед выполнением сделки и произвести оплату в любое удобное время.

Всегда указывайте свой уникальный код клиента при переводе средств в Foreign Currency Exchange, это позволяет нам быстро определить ваши активы. Пожалуйста, дайте нам знать, если вы решили выслать деньги через иной банк, нежели указали в учетной записи, или если счет зарегистрирован не на Ваше имя, так как это позволит нам быстрее оперировать Вашим переводом и избежать задержек.

Счет Имя:	**FC Exchange AUD Client Account**	Пожалуйста, укажите для Вашего банка следующую специальную инструкцию
Банк:	**Barclays Bank**	
Филиал:	**93 Baker Street London W1A 4SD**	**"Не конвертировать валюту"**
Номер счета:	**GB46 BARC 2006 0558 0373 33**	
Swift-код:	**BARCGB22**	Это можно прописать в строке деталей или специальном поле для инструкций к оплатеt
аДополнительно:	**Ваш клиентский номер**	

Пожалуйста, обратите внимание, что реквизиты счета предусмотрены конкретно для платежей в австралийских долларах; если вам требуются реквизиты счета для совершения платежа в альтернативной валюте, пожалуйста, свяжитесь с нами по телефонам:

0800 783 4313 или +44 (0) 207 989 0000

Сумма, указанная в подтверждении, является той, которая будет отправлена Foreign Currency Exchange. Некоторые банки могут взимать небольшую комиссию за отправку или получение средств, если это произойдет, пожалуйста, обратитесь с претензией в Ваш банк, используя наше подтверждение как доказательство денежного перевода в полном объеме.

Искренне Ваш,
Глава отдела согласования

FC Exchange | 10th Floor | 88 Wood Street | London | EC2V 7RS
Тел: +44 (0)20 7989 0000 | Факс: +44 (0)20 7989 9999

МЫ НЕ ЯВЛЯЕМСЯ БАНКОМ. Посетите наш новый веб-сайт, чтобы понять, кто мы есть: *www.fcexchange.co.uk*

FC Exchange - торговая марка Foreign Currency Exchange Limited. Foreign Currency Exchange Limited является организацией с ограниченной ответственностью, зарегистрированной в Англии и Уэльсе. Юридический адрес: 88 Wood Street, 10th Floor, London, EC2V 7RS. Регистрационный номер: 5452483. Foreign Currency Exchange Limited уполномочено Управлением по финансовому регулированию и надзору Великобритании (Financial Services Authority), лиц. № 511266, в соответствии с Законом о платежных услугах (Payment Service Regulations 2009) для предоставления платежных услуг. H M Customs & Excise MLR No.12215508. Пожалуйста, обратите внимание, что Foreign Currency Exchange Limited может контролировать данные трафика электронной почты, а также содержание электронной почты для целей безопасности и контроля персонала.

Это сообщение содержит конфиденциальную информацию и предназначено только для *"ВАШ ЕЛЕКТРОННЫЙ АДРЕС"* Если это не *"ВАШ ЕЛЕКТРОННЫЙ АДРЕС"*, вы не должны распространять, пересылать или копировать это электронное сообщение. Пожалуйста, сообщите ATL@fcexchange.co.uk сразу по электронной почте, если вы получили это электронное сообщение по ошибке, и удалите его из вашей системы. Переписка по электронной почте не может быть гарантированно безопасной или полностью лишена ошибок, так как информация может быть перехвачена, повреждена, утеряна, уничтожена, задержаться в пути, прийти неполной, или содержать вирусы. Поэтому ни Foreign Currency Exchange Limited ни Эмбер Лин (Amber Lean – глава отдела внутреннего аудита FC Exchange) не берут на себя ответственность за любые ошибки или упущения в содержание этого сообщения, которые возникают в результате передачи электронной почты. Если требуется верификация, пожалуйста, запросите печатную копию. Ни Foreign Currency Exchange Limited, ни любые сотрудники Foreign Currency Exchange Limited не предоставляют финансовые консультации, клиенты должны полагаться исключительно на свои собственные суждения и несут полную ответственность за решения о проведении сделок. Взгляды или мнения в этом электронном письме принадлежат исключительно отправителю и не обязательно отражают взгляды или мнения Foreign Currency Exchange Limited в целом.

* * *

После того как вы получили это, вы можете отправить деньги на свой валютный счет в FC Exchange. Пожалуйста, убедитесь, что посылаете деньги в австралийских долларах или валюте вашей страны.

Когда FC Exchange получили ваши деньги, они отправляют вам письмо, подтверждающее, что средства получены.

В этом письме будет прилагаться инструкция для указаний относительно дальнейших действий, куда вы хотите, чтобы FC Exchange отправили приобретенную вами валюту; например, я отправляла им австралийские доллары и запрашивала их конвертацию в евро.

* * *

Уважаемый (Ваше имя),

Спасибо за резервирование транзакции в FC Exchange и, пожалуйста, найдите PDF-подтверждение, которое прилагается в конце этого сообщения. Обменный курс для данной транзакции был фиксированным, и сделка является договорной.

Что делать дальше! (Если вы еще этого не сделали):

1.   **Сделайте свой платеж в FC Exchange**

PDF-подтверждение, что прилагается к письму, содержит информацию о клиент-банкинге в FC Exchange (с пометкой "Инструкция настроек"), там Вы найдете руководство как отправлять ваши деньги. Средства, прошедшие клиринг, достигают наших счетов на дату расчетов согласно приложенной информации. Просроченные платежи могут стать причиной начисления штрафов. Все платежи, сделанные нам, должны быть направлены посредством электронного перевода, так как мы не принимаем наличные деньги или чеки.

2.   **Поручите FC Exchange отправить валюту, которую Вы приобрели**

Пожалуйста, предоставьте FC Exchange Платежную Инструкцию относительно конечного назначения Ваших средств, зарегистрировавшись в системе безопасных платежей FCE (ссылка ниже). Ваш пароль авторизации: "Пароль" (Пожалуйста, обратите внимание, пароль нужно вводить с учетом регистра). Веб-сайт безопасных платежей: *www.securefcexchangepayments.com*

Это позволит нам получить ваши инструкции быстро и надежно. Сайт предоставляет подсказки, помогающие успешно завершить операцию, но если вы хотите получить форму в другом формате или задать любой вопрос, пожалуйста, свяжитесь с нами по телефону 020 7989 0000.

Пожалуйста, присылайте любые вопросы по оплате непосредственно на электронную почту: *payments@ fcexchange.co.uk*

Клиенты получают гарантию, что никакие платежи не будут обрабатываться, пока нам не будет отправлена заполненная Платежная Инструкция по форме FC Exchange, и Клиент несет ответственность за правильное, разборчивое и полное ее заполнение. Мы не несем никакой ответственности за проблемы, возникающие в связи с поступлением неверных, неполных или неразборчиво заполненных Платежных Инструкций от клиентов.

Если мы не требуем Ваших дальнейших указаний, Вам не надлежит подтверждать или отвечать на данное сообщение, оно выслано Вам лишь с целью записи. Если вы не можете открыть приложение к письму, немедленно сообщите нам, и мы отправим его Вам в другом формате.

С Уважением,
Старший брокер FX Exchange

FC Exchange | Salisbury House | Finsbury Circus | London | EC2M 5QQ | UK

Тел: +44 (0)20 7989 0000 | Факс: +44 (0)20 7989 9999 |
Веб-сайт: fcexchange.co.uk

МЫ НЕ ЯВЛЯЕМСЯ БАНКОМ. Посетите наш новый веб-сайт, чтобы понять, кто мы есть: *www.fcexchange.co.uk*

FC Exchange торговая марка Foreign Currency Exchange Limited. Foreign Currency Exchange Limited является организацией с ограниченной ответственностью, зарегистрированной в Англии и Уэльсе. Юридический адрес: 88 Wood Street, 10th Floor, London, EC2V 7RS. Регистрационный номер: 5452483. Foreign Currency Exchange Limited уполномочено Управлением по финансовому регулированию и надзору Великобритании (Financial Services Authority), лиц. № 511266, в соответствии с Законом о платежных услугах (Payment Service Regulations 2009) для предоставления платежных услуг. H M Customs & Excise MLR No.12215508. Пожалуйста, обратите внимание, что Foreign Currency Exchange Limited может контролировать данные трафика электронной почты, а также содержание электронной почты для целей безопасности и контроля персонала.

Это сообщение содержит конфиденциальную информацию и предназначено только для *"ВАШ ЕЛЕКТРОННЫЙ АДРЕС"* Если это не *"ВАШ ЕЛЕКТРОННЫЙ АДРЕС"*, вы не должны распространять, пересылать или копировать это электронное сообщение. Пожалуйста, сообщите *ATL@fcexchange.co.uk* сразу по электронной почте, если вы получили это электронное сообщение по ошибке, и удалите его из вашей системы. Переписка по электронной почте не может быть гарантированно безопасной или полностью лишена ошибок, так как информация может быть перехвачена, повреждена, утеряна, уничтожена, задержаться в пути, прийти неполной, или содержать вирусы. Поэтому ни Foreign Currency Exchange Limited ни Эмбер Лин не берут на себя ответственность за любые ошибки или упущения в содержание этого сообщения, которые возникают в результате передачи электронной почты. Если требуется верификация, пожалуйста, запросите печатную копию. Ни Foreign Currency Exchange Limited, ни любые сотрудники

Foreign Currency Exchange Limited не предоставляют финансовые консультации, клиенты должны полагаться исключительно на свои собственные суждения и несут полную ответственность за решения о проведении сделок. Взгляды или мнения в этом электронном письме принадлежат исключительно отправителю и не обязательно отражают взгляды или мнения Foreign Currency Exchange Limited в целом.

* * *

Затем нажимаете на ссылку для перехода на сайт *www. securepayments.com*, где вы заполните поля с информацией о человеке, банковские реквизиты, номера счетов, на которые вы хотите перевести деньги, и валюту перевода.

После того, как вы заполнили форму безопасной оплаты и отправили ее, вы получите следующее сообщение на электронную почту:

* * *

Дорогая мисс/миссис/мистер _____,

Это сообщение подтверждает, что мы получили Вашу инструкцию относительно конечного назначения Ваших средств посредством системы безопасной оплаты FCE. Ваше поручение теперь будет передано в команду для обработки платежей.*

С Уважением,

* *Пожалуйста, обратите внимание, мы обрабатываем платежи в тот же день, когда получили ваши средства, подлежащие дальнейшей отправке и прошедшие клиринг (зачислены на расчетный счет клиента), и проводим платежи до наступления 14:30 часов по Гринвичу. Если мы получим средства позже этого времени, платежи будут обработаны на следующий* *рабочий день. Мы можем обработать Ваш платеж только когда средства, отправленные Вами, полностью прошли клиринг. В зависимости от изменения курса валют или при условии, что сделка будет заключена в экзотической валюте, может потребоваться дополнительный клиринговый день, также учитывая разницу во времени и пропускную способность банка-контрагента. Если у Вас возникнут дополнительные вопросы по поводу клиринга, пропускной способности и расчетного времени переводов, пожалуйста, свяжитесь с брокером FC Exchange напрямую.*

FC Exchange
FC Exchange | Salisbury House | Finsbury Circus | London | EC2M 5QQ
Тел: | Факс: +44 (0)20 7989 9999 | W: *fcexchange.co.uk*

Зарегистрируйтесь у нас: <u>откройте бесплатный счет</u>. Помогите друзьям сэкономить на переводах: <u>порекомендуйте другу FC Exchange</u>

FC Exchange-торговаямаркаForeignCurrencyExchangeLimited. Foreign Currency Exchange Limited является организацией с ограниченной ответственностью, зарегистрированной в Англии и Уэльсе. Юридический адрес: 88 Wood Street, 10th Floor, London, EC2V 7RS. Регистрационный номер: 5452483. Foreign Currency Exchange Limited уполномочено Управлением по финансовому регулированию и надзору Великобритании (Financial Services Authority), лиц. № 511266, в соответствии с Законом о платежных услугах (Payment Service Regulations 2009) для предоставления платежных услуг. H M Customs & Excise MLR No.12215508. Пожалуйста, обратите внимание, что Foreign Currency Exchange Limited может контролировать данные трафика электронной почты, а также содержание электронной почты для целей безопасности и контроля персонала.

Это сообщение содержит конфиденциальную информацию и предназначено только для "ВАШ ЕЛЕКТРОННЫЙ АДРЕС" Если это не "ВАШ ЕЛЕКТРОННЫЙ АДРЕС", вы не должны распространять, пересылать или копировать это электронное сообщение. Пожалуйста, сообщите ATL@fcexchange.

co.uk сразу по электронной почте, если вы получили это электронное сообщение по ошибке, и удалите его из вашей системы. Переписка по электронной почте не может быть гарантированно безопасной или полностью лишена ошибок, так как информация может быть перехвачена, повреждена, утеряна, уничтожена, задержаться в пути, прийти неполной, или содержать вирусы. Поэтому ни Foreign Currency Exchange Limited ни FC Exchange не берут на себя ответственность за любые ошибки или упущения в содержание этого сообщения, которые возникают в результате передачи электронной почты. Если требуется верификация, пожалуйста, запросите печатную копию. Ни Foreign Currency Exchange Limited, ни сотрудники Foreign Currency Exchange Limited не предоставляют финансовые консультации, клиенты должны полагаться исключительно на свои собственные суждения и несут полную ответственность за решения о проведении сделок. Взгляды или мнения в этом электронном письме принадлежат исключительно отправителю и не обязательно отражают взгляды или мнения Foreign Currency Exchange Limited в целом.

* * *

На следующий день вы получите на электронную почту подтверждение транзакции:

* * *

Дорогая мисс/миссис/мистер_____,

Пожалуйста, ознакомьтесь с приложенным к письму документом "Подтверждение перевода", подтверждающее перечисление средств от вашего имени. Если у Вас есть какие-либо вопросы, пожалуйста, свяжитесь с нами по тел.: 020 7989 0000, мы будем рады Вам помочь.

Пожалуйста, обратите внимание на сумму, указанную в подтверждающем документе, и при любом несоответствии между указанной в документе суммой и той, которая была перечислена, сначала обратитесь в банк получателя, так как некоторые банки могут взимать комиссию за получение или отправку средств.

Спасибо за использование FC Exchange.

С Уважением,
Координатор платежей

FC Exchange | 10th Floor | 88 Wood Street | London | EC2V 7RS
T: +44 (0)20 7989 0000 | Ф: +44 (0)20 7989 9999

FC Exchange торговая марка Foreign Currency Exchange Limited. Foreign Currency Exchange Limited является организацией с ограниченной ответственностью, зарегистрированной в Англии и Уэльсе. Юридический адрес: 88 Wood Street, 10th Floor, Лондон EC2V 7RS. Регистрационный номер: 5452483. Foreign Currency Exchange Limited уполномочено Управлением по финансовому регулированию и надзору Великобритании (Financial Services Authority), лиц. № 511266, в соответствии с Законом о платежных услугах (Payment Service Regulations 2009) для предоставления платежных услуг. H M Customs & Excise MLR No.12215508. Пожалуйста, обратите внимание, что Foreign Currency Exchange Limited может контролировать данные трафика электронной почты, а также содержание электронной почты для целей безопасности и контроля персонала.

Это сообщение содержит конфиденциальную информацию и предназначено только для "ВАШ ЕЛЕКТРОННЫЙ АДРЕС" Если это не "ВАШ ЕЛЕКТРОННЫЙ АДРЕС", вы не должны распространять, пересылать или копировать это электронное сообщение. Пожалуйста, сообщите ATL@fcexchange.co.uk сразу по электронной почте, если вы получили это электронное сообщение по ошибке, и удалите его из вашей системы. Переписка по электронной почте не может быть гарантированно безопасной или полностью лишена ошибок, так как информация может быть перехвачена, повреждена, утеряна, уничтожена, задержаться в пути, прийти неполной, или содержать вирусы. Поэтому ни Foreign Currency Exchange Limited ни Наоми Уэст (секретарь Казначейства FC Exchange) не берут на себя ответственность за любые ошибки или упущения в содержание этого сообщения, которые возникают в результате передачи электронной почты. Если требуется верификация, пожалуйста, запросите печатную копию. Ни Foreign Currency Exchange Limited, ни любые сотрудники Foreign Currency Exchange Limited не предоставляют финансовые консультации, клиенты должны полагаться исключительно на свои собственные суждения и несут полную ответственность за решения о проведении сделок. Взгляды или мнения в этом электронном письме принадлежат исключительно отправителю и не обязательно отражают взгляды или мнения Foreign Currency Exchange Limited в целом.

* * *

В приложении к данному электронному сообщению вы найдете квитанцию со всей информацией, которую ранее предоставили компании системой безопасных платежей, с указанием даты и времени, когда деньги были получены контрагентом, реквизиты которого вы указали.

Пожалуйста, имейте в виду, что чем больше денег вы посылаете и конвертируете непосредственно с помощью FC Exchange, тем лучшие будут условия и ставки переводов для вас.

Кроме того, привожу к вашему сведению, если вы порекомендуете кому-то FC Exchange, то будете иметь право на 50,00 фунтов бонусом за каждого клиента – смотрите ниже:

Дополнительная информация: клиентское предложение FC Exchange – Если вы знаете кого-то, будь то друг, член семьи, кто-либо, кто действительно заинтересован в покупке иностранной валюты, вы можете рекомендовать им FC Exchange и в качестве благодарности, мы дадим вам 50,00 фунтов.

Не только вы будете вознаграждены, но человек, которому вы порекомендуете обратиться в FC Exchange тоже. Разумеется, они выиграют от наших отличных ставок и сервис, но мы также вознаградим их в качестве приветствия на борту.

Итак, как же это работает? Просто попросите человека, которого вы имеете на примете, связаться с нами, назвав специальный код: **CR814.**

После того, как он/она зарегистрируются и проведут с нами сделку*, мы перечислим 50,00 фунтов на ваш счет в FC Exchange. Все действительно настолько просто.

Надпись мелким шрифтом и детали

Привлеченный клиент должен провести сделку *минимум на 1000,00 фунтов или их обменный эквивалент в одной транзакции. Вы не должны быть клиентом, чтобы порекомендовать FC Exchange, но должны быть им, чтобы получить 50,00 фунтов на свой счет.

На расчетный счет лиц, которые пришли к нам по вашей рекомендации, будет зачислено 10,00 фунтов по завершении первой сделки с FC Exchange.

В FC Exchange необходимо предоставить данные того, кому вы рекомендуете компанию для того, чтобы каждая из сторон могла получить свою часть выгоды от данной схемы; ответственность за предоставление данных лежит на стороне рекомендующей или рекомендуемой.

FC Exchange оставляет за собой право изменять условия данной оферты или отменить ее в любое время без предварительного уведомления или денежного обязательства в пользу клиента.

Максимум 60,00 фунтов могут быть зачислены на счет нового клиента – физического или юридического лица. Любой клиент, который уже сотрудничает с FC Exchange, не может быть рассмотрен для рекомендаций.

ШАГ 13

СПИСОК ВСЕХ СБОРОВ И ПЛАТЕЖЕЙ, КОТОРЫЕ ДОЛЖНЫ БЫТЬ ОПЛАЧЕНЫ ПОКУПАТЕЛЕМ

Существует ряд расходов, связанных с покупкой недвижимости в Португалии, которые я привожу ниже в произвольном порядке:

1. **Фискальное представительство**: для получения ИНН я выбрала в спутники своего Адвоката. Вы можете пойти с вашим Адвокатом или с другим знакомым, владеющим португальским языком.

2. **Адвокатские услуги:** стандартная оплата услуг Адвоката, который уполномочен действовать как ваш законный представитель, примерно 250,00 евро.

   Все юридические фирмы имеют перечень стоимости услуг, а некоторые Адвокаты запрашивают значительно больше.

   Я заплатила 1200,00 евро, что, как оказалось позже, было слишком дорого на то время.

   Вы можете изучить на интернет-сайтах или лично посетить Юридическое сообщество Португалии или Адвокатскую Палату и запросить список установленных минимальных цен за определенные адвокатские услуги.

   Веб-сайт и каталог адресов для всех Адвокатов в Португалии:

   https://www.oa.pt/CD/Servicos/PesqAdvogados/pesquisa_adv. aspx?sidc=31634&idc=5&idsc=31897

   Имейте в виду, некоторые Адвокаты могут быть не на высоком счету, по сравнению с другими, и если вы иностранец, могут взимать непомерные суммы в некоторых случаях.

   Первый адвокат, к которому я обратилась, хотел запросить с меня 100,00 евро в час. Я быстро покинула его офис, сказав лишь: "Спасибо большое, но нет". Даже в Австралии нет таких цен, учитывая, что купить недвижимость можно за 600,00 – 850,00 австралийских долларов.

Когда мне предъявили стоимость 1200,00 евро, я потребовала объяснить, с чем связана столь огромная сумма, на что адвокат ответил, что это нормальная цена, и что моя сделка достаточно сложная, учитывая залоговые и ипотечные ограничения на недвижимость, а также мое желание изменить структуру договора, разбив сумму оплаты на три платежа.

Я взяла на веру его позицию, полагая, что навредить моим планам или ободрать, как липку целью адвоката не является.

Поинтересовавшись у других владельцев, как португальцев, так и иностранцев в Португалии, мне удалось выяснить лишь то, что они не помнят, сколько им пришлось заплатить за услуги, а другие просто унаследовали свое имущество от членов их семей.

Когда я узнала от сотрудников фирмы моего Адвоката, услугами которого пользуюсь и ныне, что счет на услуги должен был составлять всего 250,00 евро, то весьма расстроилась. Я столь разочаровалась тем, что мне лгали, и я попросту была легкой мишенью по причине иностранного гражданства.

Это было уроком, который я никогда не забуду, так как в то время подобные накладные расходы оказались довольно тяжелым бременем для моих финансов. Я думаю, что это общее мнение, - иностранцы могут позволить себе заплатить больше.

Кто-то вам может сказать, что стоимость юридических услуг приблизительно составляет 1-2% от покупной цены имущества, плюс НДС (в Австралии мы называем его GST, правительственный налог).

3. **Налог на покупку:** Он называется IMT и известен как Imposto Municipal Sorbe Transmissoes Onerosas de Imovies; это налог на покупку, который вы платите при покупке недвижимости.

Он выплачивается покупателем, когда имущество по закону оформлено на его имя. Процент для оплаты зависит от регистрационного документа на использование имущества, которое вы купили.

Сейчас я считаю, что первый адвокат, к которому я обратилась, не заботился о моих интересах, касающихся данного вопроса.

После того как я купила собственность, Адвокат меня проинформировал, что имущество может способствовать накоплению разного рода доходов, так как имеет много путей использования, поэтому мне нужно было заплатить сверху еще 5000,00 евро по налогу на покупку.

Я уже заплатила 65000,00 евро и по словам, как моего Адвоката, так и агента по недвижимости, получалось, что налог составит около 0,2% от цены покупки.

Меня весьма расстроила перспектива еще одной пошлины, являвшей огромную затрату; ситуацию усугубило шаткое положение австралийского доллара по отношению к евро в то время.

4. **Платежи в Земельное бюро:** Эти сборы составляют 0,5% от покупной стоимости.

5. **Регистрация собственности:** Ваш Адвокат зарегистрирует покупку недвижимости в Регистрационном бюро недвижимости (Consevatoria do Registo Predial) в районе, где ваша собственность расположена, а также в Налоговой инспекции (Reparticao de Financas).

6. **Стоимость регистрации покупки** фиксирована и составляет 250,00 евро.

7. **Регистрация залога** – 250,00 евро, если вы оформляете ипотеку через банк для покупки недвижимости.

8. **Гербовый сбор** (Imposto de Selo) составляет 0,8% от покупной цены собственности.

9. **Нотариальные сборы:** В зависимости от того, частная ли юридическая организация занимается вашим делом или нет, цены на нотариальные услуги значительно отличаются и теперь решающим фактом будет то, в каком именно офисе вы решите зарегистрировать договор.

   The Escritura Pública de Compra e Venda (Договор купли-продажи) должен быть составлен, подписан обеими сторонами в присутствии общественного нотариуса, и подан для записи в местном Земельном бюро (Consevatoria do Registo Predial), вместе с копиями, выданными всем сторонам соглашения.

10. **НДС (VAT или IVA):** 23% на каждую новую собственность.

11. **Оплата услуг агента по недвижимости:** Они оплачиваются продавцом.

12. **Местный налог на недвижимость:** выплачивается ежеквартально или раз в год общей суммой. Вы можете установить его как регулярный платеж с вашего счета в банке.

13. **Страхование имущества:** Годовой платеж обязателен к оплате, особенно если у вас есть ипотечный кредит, для страхования в случае пожара, кражи с взломом или других повреждений. Вам нужно будет найти страховую компанию в Португалии для оформления полиса.

   Тип нужной вам страховки будет зависеть от того, как вы собираетесь распорядиться вашей собственностью.

   Я считаю, что лучше потратить больше времени, но найти наилучшего страхового брокера, который удовлетворит ваши индивидуальные потребности. Это вы можете сделать легко онлайн с помощью любого интернет-поисковика.

ПЕРЕЧЕНЬ СБОРОВ И ПЛАТЕЖЕЙ, КОТОРЫЕ МОГУТ ВЗИМАТЬСЯ ВО ВРЕМЯ ПОКУПКИ НЕДВИЖИМОСТИ В ПОРТУГАЛИИ

ПЕРЕЧЕНЬ	СУММА	ОПЛАЧЕНО
Фискальный номер	€	
Фискальное Представительство	€	
Адвокат	€	
IMT – Налог на операции с имуществом	€	
Регистрация в Земельном бюро	€	
Регистрационный взнос	€	
Оформления покупки	€	
Регистрация ипотеки	€	
Гербовый сбор	€	
Нотариальные услуги	€	
НДС	€	
IVA – НДС в Португалии	€	
Местные сборы	€	
Страхование имущества	€	

КОНТРОЛЬНЫЕ ПЕРЕЧНИ
ШАГ 1 - ШАГ 13

ШАГ 1 - ОРГАНИЗАЦИЯ ФИНАНСОВ

ФИНАНСЫ	ДЕТАЛИ	ВЫПОЛНЕНО
Личные данные:		
Ипотека: Договор:		
Своп: Договор:		
Аренда/Покупка: Договор:		
Финансы владельца: Договор:		

STEP 2 – PROPERTY LOCATED

НЕДВИЖИМОСТЬ	ДЕТАЛИ	ВЫПОЛНЕНО
Район:		
Муниципалитет:		
Округ:		
Провинция:		
Регион:		

ШАГ 3 – АГЕНТ ПО НЕДВИЖИМОСТИ

AGENCY	ДЕТАЛИ	ВЫПОЛНЕНО
Компания:		
Контактная информация:		
Мобильный телефон:		
Адрес:		
Веб-сайт:		

ШАГ 4 - ПРАВИТЕЛЬСТВЕННЫЙ АУКЦИОН

АУКЦИОН	ДЕТАЛИ	ВЫПОЛНЕНО
Правительственный Аукцион Справочный №:		
Закрытое письмо:		
Онлайн:		
Договор отправлен:		
Частные переговоры:		
Сроки Аукциона:		
15 Дней:		
20 Дней:		
Внесение 1/3:	€	
Внесение 2/3:	€	
Остаток вкладов 8 Месяцев:	€	
Гербовый сбор квитанция №:		
Auto de Adjudicacao – Товарный чек №:		

ШАГ 5 – БАНКОВСКАЯ СОБСТВЕННОСТЬ

БАНК	ДЕТАЛИ	ВЫПОЛНЕНО
Банк:		
Аукционисты:		
Адрес:		
Веб-сайт:		
Справочный №:		
Взнос оплачен:	€	
Квитанция №:		

ШАГ 6 - ДОГОВОР КУПЛИ-ПРОДАЖИ

Устный Договор - Договор о продаже	ДЕТАЛИ	ВЫПОЛНЕНО
Офис CASA PRONTA: Контактное лицо:		
Адвокат Детальная информация:		
Строительная компания:		
Агент по недвижимости:		
Подробности частной сделки:		
Перевод документов:		

ШАГ 7 - ЮРИДИЧЕСКОЕ ПРЕДСТАВИТЕЛЬСТВО

ЮРИДИЧЕСКОЕ ПРЕДСТАВИТЕЛЬСТВО	ДЕТАЛИ	ВЫПОЛНЕНО
Компания: Веб-сайт:		
Адвокат Детальная информация:		
Стационарный телефон: Мобильный телефон:		
Адрес:		

ШАГ 8 – ФИСКАЛЬНЫЙ НОМЕР

ФИСКАЛЬНЫЙ НОМЕР	ДЕТАЛИ	ВЫПОЛНЕНО
Определить ближайший офис:		
Адрес:		
Заполненная форма		
Номер налогоплательщика Документация страны проживания		
Первая особа Имя: Адрес: Дата рождения: Фискальный номер: ИНН страны проживания: Адрес электронной почты:		
Вторая особа Имя: Адрес: Дата рождения: Фискальный номер: ИНН страны проживания: Адрес электронной почты:		

ШАГ 9 - ДОВЕРЕННОСТЬ

ДОВЕРЕННОСТЬ	ДЕТАЛИ	ВЫПОЛНЕНО
ФИО, кому выдается доверенность:		
Адрес:		
Адрес Электронной Почты:		
Контактные номера:		
Полномочия:		
Электричество:		
Газ:		
Вода:		
Страхование имущества:		
Местные сборы:	€	
Другое:		

ШАГ 10 – НОТАРИАЛЬНАЯ КОНТОРА

НОТАРИАЛЬНАЯ КОНТОРА	ДЕТАЛИ	ВЫПОЛНЕНО
Название конторы:		
Адрес:		
Адрес электронной почты:		
Контактные телефоны:		
Свидетель 1: Имя: Адрес: Контактные телефоны: Адрес Электронной Почты:		
Свидетель 2: Имя: Адрес: Контактные телефоны: Адрес Электронной Почты:		
Оплата нотариальных услуг:	€	
Квитанция №:		

ШАГ 11 - ЗАЛОГ И ИПОТЕКА НА ИМУЩЕСТВО

ЗАЛОГ и ИПОТЕКА	ДЕТАЛИ	ВЫПОЛНЕНО
ЗАЛОГ	€	
ИПОТЕКА	€	
ВТОРИЧНАЯ ИПОТЕКА	€	
ВЛАДЕЛЬЦЫ		
СУДЕБНЫЕ ИСКИ ПРОТИВ НЕДВИЖИМОСТИ		

СПИСОК ДОКУМЕНТОВ, НЕОБХОДИМЫХ ДЛЯ ПОКУПКИ И ПРОДАЖИ НЕДВИЖИМОСТИ В ПОРТУГАЛИИ

ДОКУМЕНТЫ	ДЕТАЛИ	ВЫПОЛНЕНО
Удостоверения личности продавца и покупателя/паспорт (для физических лиц)		
Торговый патент, удостоверение личности представителя, уставные документы (для компаний)		
Фискальный номер (ИНН, стр. 113)		
Доверенность и удостоверение личности поверенного в случае выдачи доверенности		
Действительное свидетельство на землю		
Описания содержания действительных свидетельств и регистраций (или код доступа)		
Лицензия на пользование, в случае если речь идет о городской собственности, или свидетельство, освобождающее от сертификации в связи с постройкой здания до 7 августа 1951г.		
Квитанции об оплате гербового сбора и муниципального налога (IMT)		
Техническое описание недвижимости (для зданий, построенных после 2004г.)		
Сертификат энергопотребления (его вам должен выдать агентом по недвижимости или продавец имущества)		

Первоначальное фото: _недвижимость обошлась мне в 65000,00 евро; дом состоит из двух 2-спальных квартир, одной 3-спальной квартиры и одной 5-спальной квартиры._

Финишное фото: _Ремонтные работы еще продолжаются._

ДОПОЛНИТЕЛЬНАЯ ИНФОРМАЦИЯ

К вашему сведению, если вы иностранец и думаете о том, чтоб поселиться в Португалии, ознакомьтесь со следующим списком:

Топ национальностей Португалии

1. Американцы в Португалии
2. Аргентинцы в Португалии
3. Австралийцы в Португалии
4. Бельгийцы в Португалии
5. Бразильцы в Португалии
6. Британцы в Португалии
7. Болгары в Португалии
8. Канадцы в Португалии
9. Китайцы в Португалии
10. Датчане в Португалии
11. Голландцы в Португалии
12. Финны в Португалии
13. Французы в Португалии
14. Немцы в Португалии
15. Греки в Португалии
16. Индийцы в Португалии
17. Ирландцы в Португалии
18. Итальянцы в Португалии
19. Японцы в Португалии
20. Ливанцы в Португалии

21. Мексиканцы в Португалии
22. Норвежцы в Португалии
23. Поляки в Португалии
24. Румыны в Португалии
25. Русские в Португалии
26. Южноафриканцы в Португалии
27. Испанцы в Португалии
28. Шведы в Португалии
29. Швейцарцы в Португалии
30. Турки в Португалии
31. Украинцы в Португалии

Если вы посетите веб-сайт www.expat.com, то сможете зарегистрироваться на The Expat Community в Португалии, где можно общаться с другими иностранцами, и возможно, вашими земляками, проживающими в Португалии.

The Expat Community является кладезем информации, которая может помочь вам во многих областях. Вы можете спросить совета, присоединиться к общественным группам и просто общаться.

ЗАКЛЮЧЕНИЕ

Вы не обязаны пользоваться юридическими услугами Адвоката; как только вы тщательно вникните в процессы, которые я описала, вам уже не грозит столкнуться ни с одной проблемой в приобретении недвижимости в Португалии.

Это ваш выбор, хотите вы нанимать Адвоката, пользоваться услугами агента по недвижимости или сделать все самостоятельно через CASA PRONTA без посредников.

Агенты по недвижимости могут сделать почти всю работу за вас, начиная с оформления ИНН и нотариального заверения, и вплоть до подключения электричества, газа и воды к вашему дому. Они могут записать вас на прием в CASA PRONTA или нотариальную контору.

Есть так много простых способов и путей покупки недвижимости в Португалии; вы должны решить, какой из них для себя предпочтете. Будучи иностранкой, я стала объектом наживы в этом процессе. Потому не хочу, чтобы это произошло с кем-либо еще, кто планирует приобрести недвижимость в Португалии.

Невзирая на все это, я по-прежнему считаю, что Португалия является неосвоенным рынком и имеет огромный потенциал, особенно для иностранцев.

В Австралии, имущество стоит очень дорого, и весьма трудно найти недвижимость дешевле 100000,00 австралийских долларов. Минимальный вариант вроде простого дома на три спальни обойдется 300000,00 австралийских долларов; даже в этом случае очень трудно найти что-либо в такой ценовой категории.

Дело в том, что вы можете купить недвижимость по доступным ценам в Португалии; даже если вам придется отремонтировать имущество, оно по-прежнему будет стоить намного дешевле и купить его проще в Португалии, чем в большинстве других стран.

Ощущение, которое вы получите, когда сможете просто заплатить наличными за имущество, не прибегая к помощи банковского кредита или закладной, не поддается описанию.

Радость и умиротворенность наполняют вас, когда у вас есть свой дом, и нет необходимости платить тысячи долларов в год за аренду или на погашение ипотеки; это есть бесценно.

Вы должны определить, чего хотите от жизни, что делает вас счастливым и, как и где вы хотите прожить свою жизнь.

Хотите ли вы приобрести недвижимость в Португалии для отдыха на пенсии, в качестве инвестиций или полностью изменить свою жизнь, это ваше решение. Для меня это было лучшее решение в жизни, и я не могу дождаться, когда получу возможность переехать туда насовсем.

Основная цель этой книги заключается в определении самых основных моментов при покупке недвижимости в Португалии; книга может быть использована в качестве руководства для тех, кто желает приобрести недвижимость.

Всю предоставленную информацию я нашла в сети Интернет и использовала в процессе покупки своей недвижимости; она верна и актуальна для 2015 года.

Спасибо вам большое, и надеюсь, что данная книга поможет всем тем, кто ищет недвижимость в Португалии..

www.ingramcontent.com/pod-product-compliance
Lightning Source LLC
Chambersburg PA
CBHW072352200326
41519CB00015B/3740